Editorial

Das neue Typotopografie-Heft ist da! Pünktlich zum Start der documenta 14 dreht sich in der neunten Ausgabe unserer typografischen Spaziergänge alles um die hessische Kunstmetropole Kassel. Schon seit Beginn des 20. Jahrhunderts fanden hier bedeutende Kunstausstellungen statt. 1955 initiierte Arnold Bode jedoch anlässlich der Bundesgartenschau die erste documenta, die die Stadt künftig an die internationale Spitze zeitgenössischer Kunstausstellungen katapultieren sollte.

Wir haben uns auf die Suche nach den in der Stadt verbliebenen Außenwerken vergangener documentas gemacht, haben mit der Leiterin des documenta archivs, Dr. Birgit Jooss, über die Aufgaben und Möglichkeiten dieses einzigartigen Dokumentationszentrums gesprochen. Und wir haben die Künstler der Kasseler Schule unter die Lupe genommen, deren markante Plakatgestaltung das Gesicht der documenta über viele Jahre hinweg prägte.

Dennoch: Diese Ausgabe ist ein Heft über Kassel, nicht über die documenta, auch wenn sich die Weltkunstausstellung als roter Faden mal mehr, mal weniger sichtbar durch das Magazin flicht.

Geht man in der Geschichte weiter zurück, so begegnet man selbstverständlich den Brüdern Grimm, die als Bibliothekare in Kassel nicht nur Märchen und Sagen gesammelt, sondern vor allem Schwerstarbeit für die deutsche Sprache geleistet haben – #rechtschreibreform! Abgesehen von ihren berühmtesten Mitarbeitern entpuppt sich die Handschriftenabteilung der Bibliothek aber auch so als Schatzkästchen philologischer Kostbarkeiten.

Und wir sind eingetaucht in die Kasseler Kunst- und Gestalterszene, haben mit Designern und Kuratoren geplaudert, mit Kunststudenten gefachsimpelt und mit Schriftgestaltern Kaffee und Kuchen genossen. Wir haben den Herkules besucht, sind durch die Markthalle geschlendert, haben mit dem ein oder anderen Künstler geliebäugelt und im Museum für Sepulkralkultur über den Zusammenhang von Tod und Schrift philosophiert.

Unser Fazit: Kassel ist nicht Berlin oder München – und genau das ist seine Stärke! Deshalb hat man hier die nötigen Frei-Räume, um sich auszuprobieren, und die Offenheit einer Stadt, in der regelmäßig Künstler aus aller Welt zusammenkommen. Man braucht bloß ein Fahrrad, ein paar kreative Köpfe und eine gute Adresse für die berühmte Ahle Wurscht, die einem in Kassel sogar Vegetarier verraten können.

Oder wie man als Insider zu sagen pflegt: My home is my Cassel!

Ihre
Anne Dreesbach

- Grimmwelt **4**
- **14** Rotopolpress
- Im Herzen der **19** documenta
- **22** *Mein Kassel 1:* soki Kassel
- *Mein Kassel 2:* augenstern **26**
- **27** Blind Date *No. 1*
- Blind Date *No. 2* **28**
- **29** Blind Date *No. 3*
- Blind Date *No. 4* **30**
- 1000-Jahr-Feier **31** in Kassel

Zu Besuch 37 bei Friedrich Forssman

documenta – 46 die Außenwerke

Eine grafische 50 Revolution

Mephisto in Kassel 55

Die 58 Kunsthochschule Kassel

Tod eines Schriftgestalters 64

68 *Mein Kassel 3:* Aust & Amelung

Kassel Airport 70

77 *Mein Kassel 4:* Warte für Kunst

„Dienstag ist 78 Tokonoma-Tag!"

80 Impressum

↑ Mit ihrem Logoentwurf für die GRIMMWELT trafen die Gestalter von Heine/Lenz/Zizka ins Schwarze. Die Auslassungen bei den Buchstaben deuten das Unvollständige und Wandelbare der Sprache an. Das Linienfeld lässt sich flexibel mit immer neuen Inhalten und Assoziationen füllen.

Grimmwelt
—en

Es war einmal eine Stadt, die hatte zwei Söhne. Der eine wie der andere waren Jacob und Wilhelm Grimm eifrige Sprach- und Kulturforscher. Als Verfasser des Deutschen Wörterbuchs waren sie lange nach ihrem Tod nicht nur Germanisten immer noch ein Begriff. Auch jedes Kind kannte ihren Namen und vor allem ihre Märchen vom Rotkäppchen, dem Froschkönig und dem Dornröschen. Da dachte sich die Stadt Kassel, dass es an der Zeit wäre, ihren beiden berühmten Söhnen, die 30 Jahre lang dort gelebt und gearbeitet hatten, ein Denkmal zu setzen.

Als Kassel sich 2002 im Rahmen der Bewerbung um den Titel „Kulturhauptstadt Europas 2010" entscheidet, „Grimm'sche Felder" neu zu bebauen, kann wohl noch niemand den enormen Erfolg dieses Unterfangens absehen. Schon im ersten Jahr nach der Eröffnung des neugebauten Museums übertrifft die Besucherzahl mit 160.000 die Erwartungen aller Beteiligten. Der britische Guardian kürt die GRIMMWELT zu einem der „10 best new museums". Kassel mit seiner GRIMMWELT wird auf Yahoo als einer der 16 Orte genannt, an dem man 2016 gewesen sein muss. Und schließlich gewinnt die GRIMMWELT den german brand award in der Kategorie #2 Industry Excellence in Branding – Culture & Non-Governmental Organisation und erfährt damit auch explizit aufs Design zielende Würdigung.

Auf 1.200 Quadratmetern präsentiert sich die Dauerausstellung, die sowohl auf die sprachwissenschaftlichen Forschungen und die Biografie der Brüder Grimm eingeht als auch den Besucher in die Märchenwelt der Kulturwissenschaftler entführt. Ähnlich harmonisch wie sich der monumentale Kalkstein-Bau in die terrassierte Weinberglandschaft fügt, treten in der Ausstellung die verschiedenen Themenkomplexe, die das Leben und Arbeiten der Brüder Grimm ausgemacht haben, miteinander in Verbindung.

Wir durften mit Susanne Völker, der Geschäftsführerin der GRIMMWELT, über den Bau, die Inhalte und die Gestaltung des Museums sprechen.

Interview
Jasmin Jonietz

↗ Von Anfang an am Projekt beteiligt: Susanne Völker, Geschäftsführerin und Programmleiterin der GRIMMWELT Kassel.

JASMIN JONIETZ Die Neukonzeptionierung eines Museums ist sicherlich eine große Herausforderung. Können Sie uns skizzieren, wie so ein Prozess abläuft und welchen Planungsvorlauf man benötigt?

SUSANNE VÖLKER Ab dem Zeitpunkt, zu dem der Architekturwettbewerb und der Gestaltungswettbewerb entschieden waren, belief sich die Realisierungsphase der GRIMMWELT auf etwas mehr als drei Jahre. Vorher gibt es aber natürlich enorme Vorläufe für die Entwicklung und Etablierung einer solchen Idee. Auf politischer, städteplanerischer und finanzieller Ebene. Das waren noch einmal circa zehn Jahre. Als Bauherr wollte die Stadt Kassel das ganze Thema Brüder Grimm hier gerne auf andere Füße stellen, professionalisieren und einem breiteren Publikum zugänglich machen. Als documenta-Stadt wollte sie entsprechend auch inhaltliche und ästhetische Ansprüche realisiert wissen. Die reine Bauzeit betrug zwei Jahre und einen Tag. Also eine sehr sportliche Leistung.

Drei Jahre vor Abschluss der Baumaßnahmen saßen die Architekten, die Gestalter und der Bauherr, also die Stadt Kassel, an einem Tisch. Ich habe als Projektleiterin für den Bauherrn begonnen und habe im Prozess die Geschäftsführung für die Betreibergesellschaft übernommen. Mit Eröffnung des Hauses bin ich als Leitung geblieben. Wenn man die spätere Nutzung schon früh mitplant und gemeinsam die Dinge noch einmal überdenkt und weiterentwickelt, kann sich das auf ein solches Projekt sehr positiv auswirken.

Die Ausstellungsgestaltung von Holzer Kobler Architekturen etwa ist in Zusammenarbeit mit dem Kuratorinnenbüro hürlimann + lepp entstanden, die die Konzeption unter anderem aufbauend auf der Kasseler Grimm-Sammlung entwickelt haben. Wir haben die Grimm-Sammlung dazu noch einmal neu aufgearbeitet und zugänglich gemacht. Die Ausstellungskonzeption fußt damit auf dem, was tatsächlich auch physisch da ist. Gleichzeitig haben wir das didaktische Konzept mitentwickelt. Und auch die CI ist parallel entstanden.

JJ **Wie kann eine Institution wie die GRIMMWELT über die reine Architektur hinaus mit ihrer Umgebung in Wechselwirkung treten?**

SV Es ist uns viel daran gelegen, die Brüder Grimm nicht in eine Vitrine zu stellen, sondern bei der Vermittlung eine Brücke in die eigene Lebenswelt zu schlagen. Erst wenn man das schafft, wird es spannend. In Kassel ist das in vielerlei Hinsicht möglich, zum einen über die Inhalte und zum anderen über den Ort. Mit der GRIMMWELT haben die Brüder Grimm jetzt wieder einen Platz. Sie haben über 30 Jahre in Kassel gelebt, aber ihre Wohnungen waren alle zerstört. Nur eine ist wiederaufgebaut worden, die rechte Torwache an der Wilhelmshöher Allee. Die Landschaft, die man hier ringsherum sieht, das sind die von den Grimms beschriebenen Nordhessischen Landschaften, wo sie ihre Märchen gesammelt haben beziehungsweise wo sie mit ihren Märchenzuträgern in Kontakt waren. In Sichtweite der GRIMMWELT ist die Knallhütte, das ist das Wirtshaus, in dem Dorothea Viehmann aufgewachsen ist, die wichtigste Märchenzuträgerin der Grimm'schen Märchen. Darüber hinaus haben die Grimms im Fridericianum als Bibliothekare gearbeitet – ein Bezug zur Stadt, der deutlich über die Märchen hinausweist und ihre eigentliche Arbeit in Kassel sichtbar macht.

Seit dem ersten Jahr der Eröffnung haben wir sehr stark auf Workshops mit hiesigen Lehrern gesetzt. Zum einen, um die Lehrer für dieses Themenspektrum zu sensibilisieren, zum anderen, um mit den Lehrern gemeinsam herauszufinden, wo eigentlich die Schnittstellen zum Lehrplan liegen. Daraus entstehen jetzt Arbeitsmaterialien für Schulklassen unterschiedlicher Altersstufen. So kann man auch wieder einen guten Zugang schaffen, der über die Märchen hinausgeht und die historische Relevanz der Grimms berücksichtigt.

Aber es gibt natürlich auch die Niederzwehrener Märchentage, das Brüder Grimm Festival Kassel oder den Märchenweihnachtsmarkt. Zentral ist zur Sprach- und Kulturwissenschaft die Brüder-Grimm-Stiftungsprofessur für Leben und Wirken der Brüder Grimm an der Universität Kassel zu nennen. Diese ist in der Germanistik angesiedelt und ein wichtiger Kooperationspartner für uns, ebenso wie die Deutsche und die GrimmHeimat NordHessen. Die Wechselwirkungen mit der Gegend sind also immens.

> *Es ist uns viel daran gelegen, die Brüder Grimm nicht in eine Vitrine zu stellen, sondern bei der Vermittlung eine Brücke in die eigene Lebenswelt zu schlagen.*

← In dem Ausstellungsbereich, der sich den Märchen widmet, passiert unglaublich viel. Auch der erwachsene Besucher kann sich gut und gerne mal in der Dornenhecke verlieren, im Spiegel von Schneewittchens Stiefmutter den Lippenstift nachziehen oder mit den sieben Zwergen zu Tisch sitzen.

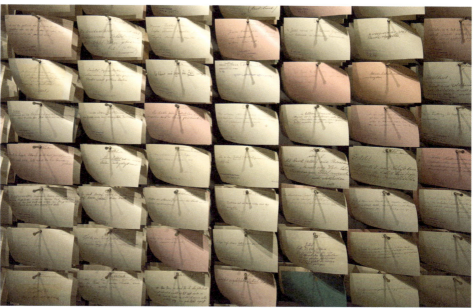

↑ Das Deutsche Wörterbuch ist aus über 600.000 Belegzetteln entstanden – der Zettel ist die kleinste Einheit des Grimm'schen Schaffens. Diese Installation dokumentiert die Akribie der Sprachwissenschaftler sehr eindrücklich.

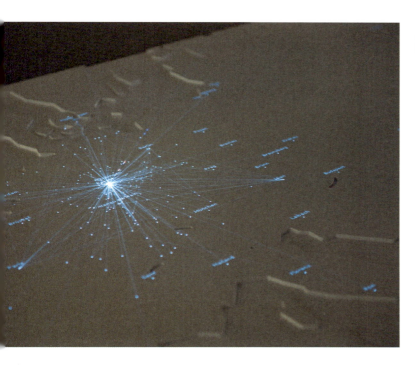

← Networking at its finest! Anschaulich wird bei dieser Installation, wie vernetzt die Brüder Grimm weltweit waren.

Die Wegeführung durch die Ausstellung ist intuitiv. Die einzelnen Bereiche behandeln Leben und Werk der Grimms nicht chronologisch, sondern orientieren sich multiperspektivisch an den Inhalten deren Arbeit. Überschrieben sind die verschiedenen Abschnitte mit 25 Begriffen aus dem Wörterbuch. Gestalterisch nähert sich das Leitsystem einem Register an.

↑ Ein nicht enden wollendes Mammutprojekt: Das Deutsche Wörterbuch. Deutlich wird dies etwa an den Titelblättern der unzähligen Ausgaben.

← Die faszinierenden Dioramen des Künstlers Alexej Tschernyi machen die Geschichte des Deutschen Wörterbuchs in 14 Szenen anschaulich.

JJ **Welchen Unterschied macht es, wenn man Literatur ausstellt im Vergleich zu anderen Dingen?**

SV Bei der bildenden Kunst hat man schneller einen leichteren visuellen Zugang. Wenn man etwa ein Gemälde betrachtet, in dem man ein Portrait erkennt, denkt man relativ schnell, dass man den Inhalt erfasst hat. Das ist bei Büchern ganz offensichtlich nicht der Fall. Allein dadurch, dass man die Textmenge sieht und weiß, dass man das Buch lesen muss, um den Inhalt zu erfassen. Dieses Gefühl hat man bei Bildern nicht, was häufig genug ein Trugschluss ist. Auch Bilder beziehungsweise generell Kunst muss man lesen können. Aber es kommt einem häufig erstmal leichter vor.

JJ **Welche besonderen Herausforderungen sind mit dem Ausstellen von Literatur verbunden?**

SV Das Ausstellen von Literatur steht natürlich vor der besonderen Herausforderung, dass man ein Buch hinter dickem Glas zeigt. An den eigentlichen Inhalt, um den es geht, kommt man nicht ran. Das heißt, die Aufgabe von Literaturausstellungen muss es sein, diesen Inhalt sichtbar, erfahrbar und erlebbar werden zu lassen. Die Inhalte der ausgestellten Bücher setzt man um über künstlerische Arbeiten, Erklärungen, Filme, Spiele, Installationen. Oder über Digitalisierung, was gerade bei den wissenschaftlich interessanten Texten auch Thema sein kann. Viele unserer ausgestellten Bände sind vollständig digitalisiert und die Handexemplare der Kinder- und Hausmärchen sind neben der Vitrine über iPads abrufbar.

Eine andere Schwierigkeit stellt das Material dar. Das Papier ist konservatorisch sehr anfällig und hat wenig Toleranz im Bereich Feuchtigkeit und Licht. Man braucht Rahmenbedingungen, welche die Alterungsprozesse nicht beschleunigen dürfen, sondern eher aufhalten.

JJ **Der Rundgang ist gegliedert nach Einträgen aus dem Grimm'schen Wörterbuch. Auf welcher Basis erfolgte die Auswahl der Begriffe?**

SV Die Auswahl der Begriffe ist natürlich schwierig. Da haben die Kuratorinnen viel Kopfarbeit reingesteckt. Klar, wenn man aus 320.000 Begriffen 25 auswählen muss. Die drei tragenden Säulen der Vermittlung waren von Anfang an die Originalobjekte, die interaktiven und multimedialen Medien sowie die künstlerischen Arbeiten. Es gibt Ausstellungsbereiche, die sehr klar und leicht erschließbar benannt sind. B wie BUCH, N wie NACHLASZ. Man weiß sofort, worum es geht. Und andere Bereiche, die neugierig machen und Assoziationsräume eröffnen. F wie FROTEUFEL, K wie KLEINWESEN. Hier weiß man nicht sofort, worum es geht. Wir haben versucht, eine gute Mischung zu finden, sodass die Überschriften für die Bereiche, die sich mit den großen Themenschwerpunkten im Grimm'schen Leben und Schaffen beschäftigen, repräsentativ sind, und gleichzeitig auch eine interessante Abwechslung erhalten bleibt.

JJ **Würden Sie die Brüder Grimm als Workaholics bezeichnen?**

SV Also ganz sicher als Überzeugungstäter, manische Sammler und auch als Perfektionisten. Das Projekt des Deutschen Wörterbuchs etwa wurde 1837 mit einer geschätzten Bearbeitungszeit von sieben bis zehn Jahren begonnen. Später haben Jacob und Wilhelm das noch einmal hochkorrigiert auf zwölf Jahre – und haben sich dabei immer noch um Faktor 10 vertan. Das war ein Mammutprojekt.

JJ **Wie schwierig ist es, das Lebenswerk solcher Persönlichkeiten abzubilden?**

SV Die besondere Herausforderung bei den Brüdern Grimm ist, dass es eine Facette gibt, die extrem populär ist. Die Märchen sind kollektives Erinnerungsgut. Jeder, der unser Haus betritt, bringt emotionale Erwartungen mit. Wenn man die unterwandert – was wir ja ganz bewusst tun, wenn wir sagen „Halt. Sprache, Kulturwissenschaft, Paulskirche,

> *Die Auswahl der Begriffe ist natürlich schwierig. Da haben die Kuratorinnen viel Kopfarbeit reingesteckt. Klar, wenn man aus 320.000 Begriffen 25 auswählen muss.*

Göttinger Sieben" – kommt es immer auch darauf an, ob der Besucher sich darauf einlässt. Den Zugang machen wir allerdings so leicht wie möglich. Wir arbeiten immer mit spielerischen und anschaulichen Methoden.

JJ **Und wie schaffen Sie es, Wissenschaftler und Familien zugleich anzusprechen?**
SV Genauso wie bei den Texten ist es innerhalb der Ausstellungsbereiche möglich, unterschiedliche Durchdringungstiefen zu erreichen, ohne dass man über- oder unterfordert ist. Zum Beispiel bei der Visualisierung der Briefwechsel. Hier kann man als relativ junge Schulklasse mitnehmen, dass die Brüder Grimm super vernetzt waren – und zwar in ganz Europa. Als Wissenschaftler kann man sich im Detail anschauen, wann sie mit wem welche Briefe geschrieben haben.

JJ **Wie nah kann man historischen Persönlichkeiten wie den Grimms kommen, wenn man jeden Tag mit ihnen beschäftigt ist? Entwickelt sich dabei so etwas wie eine Sympathie?**
SV Bei den Brüdern Grimm ist es schon so, dass man den Eindruck gewinnt, ihnen recht nahezukommen, weil sie so viel gesammelt und aufgezeichnet haben. Es gibt mehrere zehntausend Briefe, Selbstbiografien, Fotografien, Portraits. Man hat eine wunderbare Materiallage. Ob man Sympathien entwickelt oder nicht, das ist natürlich höchst subjektiv. Für mich kann ich sagen, auf jeden Fall, unbedingt.

JJ **Im Kontext von Wörtern und Buchstaben spielt auch Typografie eine zentrale Rolle. Auf welcher Basis wurden Layout und Schrift bei der Ausstellungsgestaltung ausgewählt?**
SV Die Grundlage war Das Deutsche Wörterbuch. Sowohl inhaltlich, konzeptuell, als auch letztlich grafisch in der Ausstellungsgestaltung. Im Wörterbuch stehen die Lemmata immer in Versalien, danach kommen komplett in Kleinbuchstaben die entsprechenden Einträge und dann wieder in Großbuchstaben die Quellen. Das ist ein Prinzip, das adaptiert wurde. Wobei wir lange darüber nachgedacht haben, ob dem Besucher zuzumuten ist, dass die Ausstellungs- und Bereichstexte komplett kleingeschrieben sind. Wir haben uns letztlich aus Gründen der Nutzerfreundlichkeit dagegen entschieden. Man würde eine Barriere schaffen, die nicht da sein muss. Wir arbeiten mit zwei Schriften, der Excelsior und der Akkurat. Die Excelsior ist eine sehr historisch anmutende Serifenschrift und die Akkurat eine ganz klare serifenlose Schrift. Auch schon im historischen Wörterbuch gibt es immer eine Auszeichnungsschrift und eine gefälligere, lesbarere Serifenschrift für den Fließtext.

Immer wieder helfen interaktive Installationen, die Lebendigkeit und Veränderlichkeit von Sprache und Kultur zu visualisieren und spielerisch erfahrbar zu machen.

Es besteht übrigens auch ein fließender Übergang zwischen Ausstellungsgestaltung und CI. Ausstellungsgestaltung und Schrift in der Ausstellung kommen von Holzer Kobler Architekturen und die CI als solche von Heine, Lenz und Zizka aus Frankfurt. Auch diese haben den Gedanken an das Deutsche Wörterbuch mitgenommen und daraufhin ein eigenes Konzept für die CI entwickelt.

JJ Können Sie uns bei der Gelegenheit etwas zum Logo sagen?

SV Beim Logo war es uns sehr wichtig, dass es nicht illustrativ ist und uns so auf die Märchen festlegt. Es sollte multiassoziativ und vielseitig sein. Der jetzige Entwurf hat vor allem deshalb überzeugt, weil das Linienfeld unheimlich viel Spielraum lässt. Bei der Gestaltung von Printmedien sind unterschiedliche Positionierungen und Größenverhältnisse möglich, und damit auch verschiedene Präsenzen des Inhaltlichen. Auch Kombinationen mit Bildern sind gut umsetzbar. Die Linienfelder können ganz Verschiedenes repräsentieren – würde man etwa das Wort „Wolf" zwischen die Linien setzen, würden sie direkt die Assoziation eines Waldes hervorrufen. Würde man „Die Entstehung des Deutschen Wörterbuches" hineinschreiben, wäre es eher die Buchrücken-, Zettel- oder Registerassoziation. Und wenn man das reine Logo mal betrachtet, dann erinnert es auch stark an die Architektur des Hauses. Sowohl im Aufriss als auch in der Draufsicht. Durch die große getreppte 2.000 Quadratmeter große Dachfläche des Gebäudes hat man hier dasselbe Bild vor Augen.

JJ Mir gefallen aber auch die Auslassungen bei den Buchstaben sehr gut …

SV Ja, bei dem „A" erinnert man sich etwa an das aufgeschlagene Buch, aber auch an das Unvollständige, Nicht-Abgeschlossene des Sprachlichen wie des Historischen.

JJ Was sollen die Besucher aus der GRIMMWELT mitnehmen?

SV Dass die Brüder Grimm deutlich vielseitiger waren, als sie häufig dargestellt werden. Man darf sie nicht auf das Sammeln der Märchen reduzieren. Das ist unser zentrales Anliegen. Von da aus kann man noch ganz vieles mitnehmen. Die Veränderlichkeit und den Facettenreichtum von Sprache etwa, oder auch ein Gefühl für die eigene Beteiligung an der Weiterentwicklung von Sprache. Aber ganz wichtig ist erst einmal, nicht nur die Märchen im Kopf zu haben.

JJ Haben Sie ein Lieblingsmärchen oder ein Lieblingswort?

SV Ein Lieblingswort definitiv nicht; dafür ist die Auswahl einfach zu groß und vor allem auch zu schön. Und Lieblingsmärchen ehrlich gesagt auch nicht. Ich mag aber vor allem die Märchen, in denen irgendjemand sich aus eigener Kraft zu helfen weiß. Die starken Charaktere in den Märchen. Weniger die, die 100 Jahre schlafen und dann ist alles gut.

JJ Welche Persönlichkeit aus dem Grimm'schen Universum hätten Sie gerne kennengelernt?

SV Das ist jetzt wahrscheinlich etwas zu naheliegend, aber natürlich schon gerne Jacob und Wilhelm. Es gäbe da jede Menge Fragen, bestimmt ließe sich das eine oder andere gut verifizieren, vielleicht auch falsifizieren. Oder sie würden Dinge ansprechen, die wir überhaupt noch gar nicht gesehen haben, nach dem Motto: „Kommt bitte endlich einmal jemand darauf?"

Ob ich jetzt unbedingt so vielen Hexen und Wölfen begegnen möchte, das weiß ich nicht. Das reicht im Alltag völlig aus. Mal so einen Prinzen kennenzulernen, wäre aber sicher interessant. Nein, nicht wirklich ernsthaft, aber Jacob und Wilhelm schon gerne.

> *Beim Logo war es uns sehr wichtig, dass es nicht illustrativ ist und uns so auf die Märchen festlegt. Es sollte multiassoziativ und vielseitig sein.*

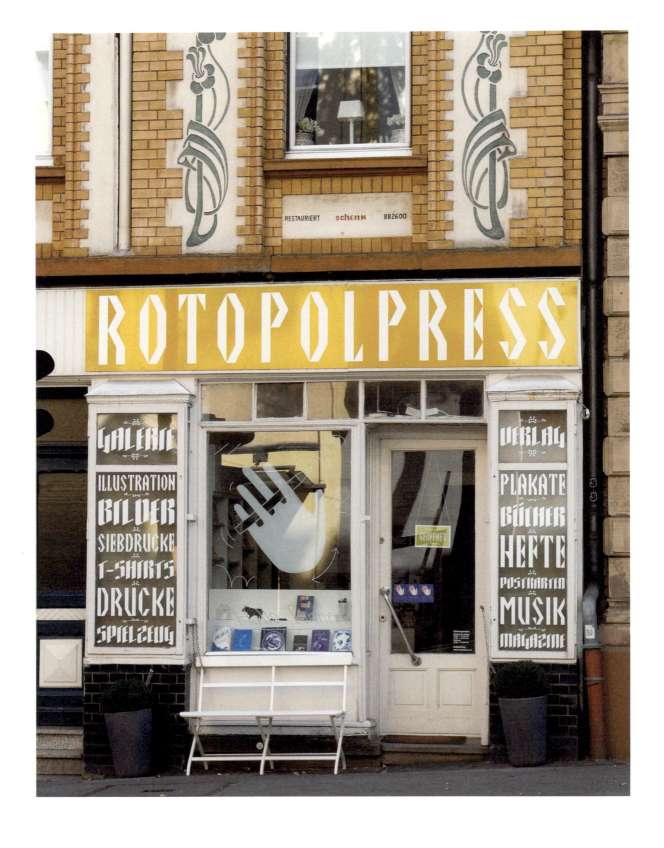

Interview
Jasmin Jonietz
Sarah-Christin König

Wir durften uns mit Rita Fürstenau unterhalten, die den Independent-Verlag gegründet hat. In den charmanten Räumlichkeiten von Rotopolpress, in denen Büro, Atelier, Siebdruckwerkstatt und Galerie Platz finden, sprechen wir darüber, warum man einen Verlag für grafisches Erzählen gründet, wie viel Idealismus man dabei braucht und wie viel Schlaf.

← In Kassel zu bleiben, war für Rotopolpress die richtige Entscheidung. Die Büroräume und der dazugehörige Laden liegen im kreativ-quirligen Vorderen Westen.

JASMIN JONIETZ **Wer bist Du und was machst Du?**

RITA FÜRSTENAU Ich bin Rita Fürstenau. Seit 2007 leite ich Rotopolpress mit und arbeite dementsprechend als Verlegerin, Illustratorin, Designerin und Kunstpädagogin.

JJ **Wie bist Du auf die Idee gekommen, den Verlag zu gründen?**

RF Ich wollte dem Zeichnen und dem kreativen Arbeiten mehr Raum in meinem Leben geben. Es hat sich mir deshalb die Frage gestellt, wie und ob man damit Geld verdienen kann. Als Studentin hatte ich die Idee, meine Arbeiten in den Buchhandel zu bringen. Es hat mich interessiert, ob sie sich verkaufen und auf welches Feedback sie stoßen. Aber die Buchhändler, die ich angesprochen habe, haben mir erklärt, dass das ohne Verlag nicht geht. Also habe ich selbst einen Verlag gegründet.

Und es gab noch mehr Leute, die mit ihren Arbeiten nach außen treten wollten. So habe ich Lisa Röper und Michael Meier kennengelernt. Wir haben alle Werke von uns zusammengeworfen und im Verlag veröffentlicht. Unser Traum war es, Studioplätze zu finden, die wir uns teilen könnten. Vielleicht mit Schaufenster und einer kleinen Verkaufsfläche. Und im Frühjahr 2007 haben wir dann den Laden gefunden. Um zur documenta fertig zu sein, haben wir in drei Wochen renoviert, Möbel gebaut und Artikel produziert.

JJ **Was bedeutet Euer Name?**

RF Die Idee war, ein Wort zu finden, das nicht bereits im alltäglichen Sprachgebrauch mit einer Bedeutung belegt ist und international funktioniert. Schnell fanden wir den Wortbestandteil „Pol" ganz gut – als etwas, das zentriert und versammelt. Damit haben wir rumprobiert. Dann ist es „rotopol" geworden. Auch abgeleitet von „rotieren" – also etwas Dynamischem zum statischen Pol. Es klingt gut. Und auf Französisch noch viel besser.

SARAH-CHRISTIN KÖNIG **Neben Verlag und Laden arbeitet Ihr ja auch frei, habt Eure eigenen Projekte, organisiert Ausstellungen und fahrt zu Messen. Wie macht Ihr das und wann schlaft Ihr überhaupt?**

RF Innerhalb der ersten Jahre hat sich herauskristallisiert, wie viel Arbeit es macht, einen Verlag zu führen, wenn man an die Strukturen anknüpfen möchte, die in der Buchbranche üblich sind. Hinzu kommen die Festivals, zu denen man reist, um Kontakte zu knüpfen und Termine wahrzunehmen. Auf einmal hat man einen komplett anderen Jahresrhythmus und einen vollen Stundenplan. Lisa und Michael haben Ende letzten Jahres die Entscheidung getroffen, den Verlag zu verlassen. Sie wollten stärker freiberuflich und an ihren eigenen Projekten arbeiten. Ich persönlich bin daran weniger interessiert. Die Zeit, die man braucht, um der Akquise nachzugehen, nutze ich lieber, um meine eigenen Projekte bei rotopol zu publizieren. Das setzt eine unheimliche Energie frei. Natürlich schlafe ich oft nicht so viel oder habe streckenweise wenig Freizeit, aber auf der anderen Seite tue ich, was ich liebe.

JJ **Wie viele seid Ihr jetzt im Verlag?**

RF Wir sind zu zweit. Seit Ende August ist Carmen José mit dabei. Sie hat auch an der Kunsthochschule studiert. Zusammen mit einer Kollegin hat sie vor einigen Jahren das Papiercafé gegründet. Ein Verkaufsraum für studentische Arbeiten mit einem tollen Veranstaltungsprogramm.

JJ **Warum braucht die Comic- und Illustratoren-Szene Rotopolpress?**

RF Projekte, die uns interessieren sind immer solche, bei denen man einen persönlichen Zugang erkennt. Bei uns können sich die Zeichner die Freiheit nehmen, am Anfang nicht genau zu wissen, wo sie rauskommen. Sie können das machen, was sie wirklich interessiert. Unabhängig davon, was Statistiken oder Marktforschungsinstitute sagen. Wir haben eine Menge toller Zeichner mit an Bord, die sonst häufig unter Vorgaben arbeiten müssen. Wir bieten diesen Künstlern eine Plattform, um ihren eigenen Ideen nachzugehen und ihre Kreativität auszuleben.

↓ Verkaufsfläche, Showroom und Anlaufstelle in einem: Für Rotopolpress ist der Laden Luxus. Rita Fürstenau genießt es, hier mit Leuten über Comic, Illustration und grafisches Erzählen überhaupt zu sprechen und ihre Produkte ausliegen zu sehen.

← Wenn es ums Programm geht, lassen die Verlegerinnen sich davon leiten, was ihnen Spaß macht, was sie gerne lesen würden und was sie inspirierend finden. Das Ergebnis ist vielfältig und dennoch sehr stimmig.

SK **Gibt es auch Situationen, in denen es schwierig ist, die Vorstellung der Künstler mit der des Verlags in Einklang zu bringen?**

RF Man kommt natürlich immer schnell auf Ideen, die schwierig umzusetzen sind. Das passiert auf beiden Seiten. Ich will mich als Verlegerin gar nicht ausschließen. Sicher müssen wir am Ende abschätzen, was wir realisieren können und was auch finanziell umsetzbar ist. Aber grundsätzlich ist es so, dass die Zusammenarbeit zwischen dem Verlag und den Künstlern sehr eng ist. Eine unserer ersten Entscheidungen war es zum Beispiel, dass unser Logo und Schriftzug von jedem Zeichner selbst integriert wird, sodass der Titel stimmig aussieht. Das Produkt soll aus einem Guss sein. Ich habe das Gefühl, dass unsere Zeichner uns bisher alle sehr dankbar dafür waren, dass sie hier selbst Lösungen finden durften.

JJ **Wie positioniert Ihr Euch in dem Feld des grafischen Erzählens?**

RF Wir achten tatsächlich nicht so sehr darauf, was rechts und links um uns passiert. Wenn es ums Programm geht, lassen wir uns ganz stark davon leiten, was uns selbst Spaß macht und inspiriert. Wir haben nie versucht, uns zu verbiegen, um irgendwo anzudocken.

JJ **Euch gibt es ja nun schon seit 10 Jahren. Was habt Ihr denn in dieser Zeit als Verleger gelernt?**

RF Viel. Wie man ein Verleger ist. Und was es bedeutet, einen Verlag zu haben. Am Anfang haben wir einfach abgewartet, von welcher Stelle Post kommt. Mit den Jahren haben wir dann gelernt, welche Arbeitsbereiche es gibt. Natürlich hat sich unser Blick dafür geschärft, welche Projekte gut funktionieren. Wir konnten viel Erfahrung sammeln in puncto Zusammenarbeit mit anderen Kreativen. Wir wissen besser, wie man es schafft, Freiraum zu gewähren und notwendige Strukturen aufrechtzuerhalten.

Und über die Jahre hat man auch gelernt, ein bisschen mehr auf sich zu achten. Dazu gehört, besser filtern zu können, worauf es ankommt. So kann man sich selber auch Freiräume einplanen.

SK **Was ist für Dich das Schönste an Deiner Arbeit?**

RF Es ist unheimlich schön zu wissen, dass ich genau das mache, was ich machen möchte. Der Moment, wenn ich ein gedrucktes Produkt in den Händen halte, ist auch immer wieder toll. Dann weiß man, dass die Mühe sich gelohnt hat. Und die Möglichkeit, mit so vielen tollen Zeichnern und Künstlern in Kontakt zu treten und mitzubekommen, woran und wie sie arbeiten.

JJ **Was ist das Schwierigste?**
RF Mit der Zeit zurande zu kommen. Es irgendwie zu schaffen, sich auch eigenen Projekten zu widmen. Das ist eine große Herausforderung. Und Bücher zu verkaufen, ist auch nicht ganz einfach, Geld verdienen mit Bücherverkäufen.

JJ **Wie würdest Du denn deine Zielgruppe beschreiben?**
RF Ich glaube, sie besteht aus vielen Leuten, die selbst kreativ und gestalterisch arbeiten. Aber das hängt immer auch von den einzelnen Projekten ab. Davon, ob es um Abenteuercomics geht oder um Comics mit literarischen Vorlagen zum Beispiel. Grundsätzlich sind unsere Zielgruppe Menschen, die sich darauf einlassen, etwas zu lesen, das auch Bilder hat.

SK **Wo siehst Du das grafische Erzählen momentan in der Buchbranche?**
RF Im Buchhandel sorgen Bücher mit Bildern manchmal noch immer für Verwirrung. Die Fragen der Kunden sind ganz andere, wenn sie die Produkte im Laden entdecken. Für Buchhändler ist es mitunter schwierig, nicht nur über die Geschichte Bescheid zu wissen, sondern auf einmal über die Gestaltung oder den Stil sprechen zu müssen.

JJ **Wie findest Du es, dass bei der Hotlist vor zwei Jahren ein Comic gewonnen hat?**
RF Es ist schön, wenn grafisches Erzählen stärker wahrgenommen wird und der Begriff „Comic" auch mit anspruchsvollen Büchern verknüpft wird. Im Genre der Literatur fällt der Comic oft raus, was keinen Sinn macht – wir sprechen hier ja auch von grafischer Literatur.

JJ **Wie sieht eine Lesung für ein Buch aus, das überwiegend aus Bildern besteht?**
RF Hier gibt es noch keine Regeln, man kann sich ausprobieren. Bei manchen Comics lohnt es sich, die Gesamtseiten zu projizieren. Oder man kann die Bilder einzeln zeigen. Manchmal werden Musikstücke mit eingebaut oder Geräusche. Einmal haben wir mit einer Schauspielerin vom Staatstheater zusammengearbeitet, die den Text in verteilten Rollen mit verschiedenen Stimmen komplett vorgelesen hat. Unsere Veranstaltungen sind keine verkappten Verkaufsveranstaltungen, sondern eigene Events für sich.

JJ **Habt Ihr eigentlich jemals überlegt, von Kassel wegzugehen?**
RF Vielleicht für einen kurzen Moment. Um dann zu dem Ergebnis zu kommen, zu bleiben. Der kurze Moment – der sich natürlich auf Berlin bezog –, weil sehr viele nach dem Studium weggegangen sind. Tatsächlich hat es sich aber als sehr gute Entscheidung herausgestellt, hierzubleiben. In Kassel war es uns möglich, mit einem Kleinverlag die Miete für zwei Büroräume und einen Ladenraum zu stemmen und gleichzeitig das Risiko gering zu halten.

Von Kassel aus kommt man außerdem überall sehr gut hin. Ich reise viel zu Festivals und Messen und schätze das deshalb sehr. Wenn ich wieder heimkomme, habe ich das Gefühl, dass ich runterkommen kann. Ich mag es, dass die Stadt sehr grün ist, keine Hektik herrscht und die Wege kurz sind. Auch die Kulturszene ist sehr ausgeprägt. Vor allem in den letzten Jahren hat sich viel getan. Immer mehr Leute haben beschlossen, in Kassel zu bleiben. Oder zurückzukommen.

SK **Nach zehn Jahren Verlagserfahrung – wie viel Idealismus ist nötig, um einen Verlag für grafisches Erzählen zu führen?**
RF Viel. Das steht außer Frage. Neben Idealismus braucht es auch Hartnäckigkeit, Eigensinn und Engagement. Jeder Verlag braucht Leute, die hinter dem Geschäft stehen. Anders macht es keinen Sinn. Am Anfang ist Unwissenheit auch hilfreich. Sodass man gar nicht genau weiß, worauf man sich einlässt, wenn man einen Verlag gründet. Geduld ist auch wichtig. Und Ausdauer.

ROTOPOLPRESS
ROTOPOLPRESS
ROTOPOLPRESS
ROTOPOLPRESS
ROTOPOLPRESS
ROTOPOLPRESS

Im Herzen der documenta

Interview
Sarah-Christin König

Ein Interview mit Dr. Birgit Jooss über ihre Aufgaben als Archivleiterin, über Lieblingsstücke aus der Sammlung und das geplante documenta Institut.

SARAH-CHRISTIN KÖNIG Was sind die Aufgaben des documenta archivs und welche Dokumente werden dort gesammelt?

BIRGIT JOOSS Die Aufgaben in einem Archiv sind ganz allgemein vielfältiger, als man vielleicht als Außenstehender vermutet. Zunächst einmal geht es darum, das Bild- und Archivgut zu akquirieren. Im Falle des documenta archivs bekommen wir die Unterlagen durch das jeweilige documenta Team nach Beendigung der Ausstellung übergeben. Dabei handelt es sich um Konzepte, Korrespondenzen, Künstlerlisten, Presseausschnitte, Bildmaterial et cetera, also all die Unterlagen, die bei der Planung und Durchführung dieser großen Ausstellung entstanden sind. Früher waren es nur analoge Unterlagen, inzwischen sind sie natürlich zu einem Großteil digital. Darüber hinaus sammeln wir weiterführendes Dokumentationsmaterial: Wir haben – mit rund 100.000 Publikationen – eine der größten Spezialbibliotheken zur Kunst des 20. und 21. Jahrhunderts in Deutschland. Wir sammeln täglich Drucksachen, Zeitschriftenartikel, Presseberichte zu allen documenta Ausstellungen, zu den documenta KünstlerInnen oder allgemein zu Weltausstellungen und zum Thema der kuratorischen Praxis. Auch erwerben wir Fotografien und audiovisuelle Medien, die mit den documenta Ausstellungen in Zusammenhang stehen. In einem nächsten Schritt müssen all diese wunderbaren Bild- und Textquellen zur Nutzung vorbereitet werden. Das bedeutet, sie werden geordnet, verzeichnet, gegebenenfalls digitalisiert, in archivgerechte Verpackungen umgebettet und über Findmittel und Datenbanken publiziert. Das ist die Kernarbeit in einem Archiv, die auch die meiste Zeit beansprucht. Ein weiterer großer Aufgabenkomplex ist die Betreuung unserer Nutzer/innen. Wir erhalten viele schriftliche Anfragen aus aller Welt, die wir zügig beantworten. Daneben kommen aber auch zahlreiche Forscher/innen zu uns, die wir vor Ort in unserer Bibliothek und im Archiv beraten und bei ihren Recherchevorhaben unterstützen. Sodann treten wir mit Veranstaltungen, Publikationen, Führungen oder Ausstellungen selbst an die Öffentlichkeit, um unsere wertvollen Bestände auch nach außen bekannt zu machen. Und einen letzten Aspekt möchte ich nicht unerwähnt lassen: auch die Zusammenarbeit mit anderen Archiven sowie mit Universitäten, um gemeinsame Erschließungsprojekte oder Forschungsvorhaben zu entwickeln und durchzuführen, gehört zu einem wichtigen Aufgabenfeld.

SK Worin unterscheidet sich das documenta archiv von anderen Archiven? Wodurch zeichnet es sich aus?

BJ Das documenta archiv ist ein sehr spezielles Archiv, da es sich der historischen Dokumentation der weltweit wichtigsten zeitgenössischen Kunstausstellung widmet. Andere Kunstarchive beschäftigen sich in der Regel mit Vor- und Nachlässen von KünstlerInnen oder mit den Akten fester Institutionen, wenn Sie etwa an Museums- oder Akademie-Archive denken. Wir hingegen befassen uns mit einem ephemeren Ereignis, einer Ausstellung, die alle fünf Jahre, jedes Mal in vollkommen neuartiger Weise konzipiert und gezeigt wird und nach 100 Tagen wieder verschwunden ist. All das, was während dieser 100 Tage zu sehen war, ist danach in kompakter und fundierter Weise nur noch bei uns nachvollziehbar.

SK Welche Aufgaben haben Sie als Archivdirektorin?

BJ Meine Aufgabe ist es natürlich, den Überblick über alle laufenden Aufgaben und Projekte sowie über die Finanz- und Personalplanungen zu behalten und ein Zukunftskonzept für das documenta archiv zu erstellen. Wir wollen uns in der Archivlandschaft noch besser positionieren und das Archiv zu einem Forschungsinstitut entwickeln. Um es zu konkretisieren und ein Beispiel zu geben: derzeit erarbeiten wir eine ganz neue Corporate Identity für das Archiv, um es angemessen nach außen zu kommunizieren. Ich habe hier glücklicherweise ein wunderbares Team, das mich dabei tatkräftig unterstützt.

> *Wir haben – mit rund 100.000 Publikationen – eine der größten Spezialbibliotheken zur Kunst des 20. und 21. Jahrhunderts in Deutschland.*

sk **Mit welchem Ziel wird das geplante documenta Institut eingerichtet und welche Rolle spielt dabei das documenta archiv?**

bj Das Herz des Instituts wird das documenta archiv mit seinem Bestand an schriftlichen, bildlichen und elektronischen Dokumenten sein. Es wird zum intellektuellen Leben des Instituts beitragen, indem es sich mit Archiv, Bibliothek, Internet-Projekten, einem Ausstellungsbereich und einem Veranstaltungsprogramm dem Publikum öffnet und die Forschungen überhaupt erst ermöglicht.

sk **Gibt es ein Sammlungsstück, das Ihnen besonders am Herzen liegt?**

bj Da kann ich mich für keines entscheiden, nein. Mir ist das Archiv in seiner Gesamtheit wichtig, vor allem auch, dass es durch den Neubau endlich die konservatorischen Bedingungen erhalten wird, die ihm gebühren.

sk **Warum haben Sie sich für eine Laufbahn im Archivwesen entschieden?**

bj Ich habe als Kunsthistorikerin immer schon gerne mit Quellenmaterial gearbeitet. Dafür bin ich gerne in Bibliotheken und Archive gegangen, um zu recherchieren. Ich bin überzeugt davon, dass eine solide kunstwissenschaftliche Arbeit immer auf originärem Quellenmaterial beruhen sollte. Dass ich durch diese Vorliebe tatsächlich mein kunstwissenschaftliches Interesse mit dem Archivwesen verbinden konnte, hat sich durch meinen beruflichen Werdegang ergeben. So hatte ich mich zu gegebener Zeit entschlossen, zusätzlich zu meiner kunsthistorischen Ausbildung Archivwissenschaft zu studieren.

sk **Welche Ziele haben Sie für das documenta archiv? Wie wollen Sie es in Zukunft gestalten?**

bj Das documenta archiv wird sich längerfristig mit Teilen der Universität Kassel zusammenschließen, um gemeinsam ein außeruniversitäres Forschungsinstitut zu etablieren, mit dem Ziel, die documenta Geschichte zu erforschen. In der Universität wird demnächst eine documenta Professur besetzt, mit der wir sicherlich eng zusammenarbeiten werden. Sodann wurde uns im letzten Herbst in Aussicht gestellt, einen Neubau für dieses Institut zu errichten, der uns aus unseren derzeitigen beengten Verhältnissen befreien wird. Das sind natürlich wunderbare Perspektiven, die mich freudig in die Zukunft blicken lassen.

sk **Wie ist Ihr Verhältnis zur documenta? Gibt es ein Erlebnis oder ein Kunstwerk, das Ihnen besonders in Erinnerung geblieben ist?**

bj Seit meinem 17. Lebensjahr habe ich keine documenta verpasst. Sie war für mich immer schon die entscheidende Kunstausstellung im zeitgenössischen Bereich. Insofern habe ich ein enges Verhältnis zu ihr. Ich habe viele Erinnerungen an eindrückliche Werke und die besondere Atmosphäre der jeweiligen Ausstellungen.

sk **Sie sind seit Sommer 2016 als Direktorin des documenta archivs tätig. Wie haben Sie sich in Kassel eingelebt? Welchen Eindruck haben Sie von der Stadt?**

bj Fraglos bedauerlich ist, dass die Spuren der Kriegs- und Nachkriegszerstörungen sowie der rigiden Aufbau- und Verkehrspolitik nach wie vor in Kassel schmerzlich spürbar sind. Dennoch fühle ich mich hier wohl. Es ist eine Stadt mit einer sehr guten Lebensatmosphäre, einem erstaunlich vielfältigen Kulturangebot und einer wunderbaren landschaftlichen Umgebung.

Ich bin überzeugt davon, dass eine solide kunstwissenschaftliche Arbeit immer auf originärem Quellenmaterial beruhen sollte.

sk **„Jede documenta (muss sich) organisatorisch und konzeptuell neu erfinden" (documenta-historie.de). Welche Rolle spielt das Archiv dabei?**

bj Wir unterstützen natürlich das jeweilige documenta Team bei seinen Recherchen. Zudem bringen wir uns ein, dass die Ausstellung gut fotografisch wie filmisch dokumentiert wird. In die organisatorische und konzeptionelle Struktur der Ausstellungsplanung sind wir jedoch nicht involviert.

SARAH-CHRISTIN KÖNIG **Wer seid Ihr und was macht Ihr?**

KIRA KIMM Wir sind Sophie und Kira – SoKi. Wir sind gelernte Maßschneider und haben hier am Staatstheater unsere Ausbildung gemacht.

SOPHIE ROSCHER Uns war es wichtig, mit unserer Arbeitskraft nicht die Textilindustrie zu unterstützen. Also haben wir nach der Ausbildung unser eigenes Gewerbe angemeldet.

KK Wir wollten darauf achten, was für Materialien wir verwenden und wo sie herkommen. Deswegen Upcycling und Biostoffe.

SR Dann ist uns die Idee mit den Boxershorts gekommen. Das war unser Startprodukt. Wir haben bei Kiras Eltern in der Wohnung genäht, im alten Kinderzimmer. Und dann hat das mit dem Laden geklappt. Es wurde groß umgebaut. Das war hier 30 Jahre lang eine Erotikvideothek, entsprechend sah es auch aus. Unsere Eltern und Freunde haben alle mit angepackt.

SK **Und was hat es mit der Bettwäsche auf sich?**

SR Wir achten auf Nachhaltigkeit. Es hat sich herumgesprochen, dass wir Kleidung aus alter oder gebrauchter Bettwäsche nähen. Die Leute bringen uns entweder ihre eigene ausgemistete Bettwäsche und lassen sich daraus etwas Neues fertigen, oder sie stöbern durch unser Bettwäschelager.

SK **Wart Ihr mal in der Zeitung oder hat sich Eure Idee einfach herumgesprochen?**

KK Wir hatten ein paar Zeitungsartikel. Es kommen immer mehr Leute. Sie bringen ihre Wäsche zu uns, weil sie dann wissen, was damit passiert. Mit den Boxershorts kommen wir schon nicht mehr hinterher, weil wir so viele Einzelanfertigungen haben. Deshalb haben wir uns mit der Schneiderei der Baunataler Diakonie, einer Einrichtung für Menschen mit Behinderung, zusammengetan. Dorthin geben wir jetzt einen Teil der Boxershorts-Produktion ab.

SR Die Leute wollen sehr oft ihr eigenes Unikat haben. Und wir möchten unsere Kunden ja nicht ewig darauf warten lassen.

Mein Kassel 1

soki Kassel

Label & Store

Friedrich-Ebert-Straße 101
34119 Kassel
www.soki-kassel.de

Interview
Sarah-Christin König

KK Vorhin war zum Beispiel eine Frau, die ein Kleid sucht, mit ihrer Mutter da. Wir machen oft Kleider aus Hemden und haben dann nach Stoffen geschaut. Irgendwann hat die Mutter vorgeschlagen: „Wir plündern einfach den Schrank von Papa."

SK **Und warum habt Ihr Euch für Kassel entschieden?**
SR Wir sind in Kassel aufgewachsen und hatten nie den Drang raus zu müssen.
KK Die Stadt hat eine gute Größe. Dinge sprechen sich schnell rum und man bekommt genug Aufmerksamkeit.

SK **Warum sollte man als Besucher nach Kassel kommen?**
KK Weil die Stadt so vielseitig ist. Viel Grün und ein immer breiteres Kulturangebot.

SK **Was sollte man an einem perfekten Tag in Kassel machen?**
KK Schön frühstücken, in der „Heimat" oder in der „Alten Wache" im Bergpark.
SR In der Markthalle kann man auch seinen Tag beginnen. Beim „Ahlemächt'jer" gibt es leckere nordhessische Burger. In der Friedrich-Ebert-Straße kann man wunderbar bummeln, hier sind viele besondere Lädchen. Unser Stadtteil, der Vordere Westen, hat die schönsten Altbauten.
KK Das Programmkino „Gloria" für abends. Oder das „Kulturzelt", im Sommer finden dort Konzerte statt.

SK **Was braucht man, um in Kassel zu überleben?**
KK Kein Auto! Man kann alles mit dem Fahrrad erreichen.

SK **Wo gibt es die beste Ahle Wurscht?**
KK Papa kauft die immer.
SR Ich esse nur die eine – von deinem Papa.

SK **Seid Ihr Kasseler oder Kasselaner oder Kasseläner?**
SR Kasselaner. Kasseläner ist man, wenn die Eltern auch in Kassel geboren sind. Kasseler sind die Zugezogenen.

STAATSTHEATER

CassallaTheater Theater Stübchen

HAUS

Gloria

GLORIA

24 WOCHEN
CAPTAIN FANTASTIC

Hotel Reiss

FR WIRTSCHAFT

DWERKSKAMME

GOLDEN TULIP

REISS

ARM

RAIFFEISENHAUS

<small>ANNE DREESBACH</small> Wer bist Du, was machst Du und wie bist Du dazu gekommen?

<small>JOSEPHINE SCHMÜCKER</small> Ich bin seit 1996 in Kassel und habe an der Kunsthochschule Produktdesign studiert. Jedoch habe ich schon während des Studiums gemerkt, dass ich lieber Grafik machen würde. Mit meiner Freundin Ines teilte ich mir damals einen Arbeitsraum in der Universität und in unserer grenzenlosen Naivität haben wir schließlich nach dem Abschluss den Entschluss zur Selbstständigkeit gefasst. Wir konnten auch ziemlich schnell zwei große Kunden akquirieren. Somit waren wir bereits 2003 nicht mehr auf unsere Nebenjobs angewiesen.

2007 hat sich die Partnerschaft mit Ines aufgelöst. Seither bin ich alleine tätig. Ich begann damals, immer mehr Kunden aus dem Kulturbereich zu akquirieren, die ich teilweise bis heute halten konnte. Beispielsweise die Kasseler Museumsnacht oder auch das Kasseler Dok-Fest.

Da ich keine Agentur bin, sondern alleine arbeite, habe ich den Vorteil, dass ich anders anbieten kann als große Agenturen und somit auch viel möglich mache. Mein Büro ist sozusagen eine One-Woman-Show!

<small>AD</small> Wieso der Name „Augenstern"?

<small>JS</small> Augenstern ist ein sehr poetischer Begriff für Pupille und ein schönes, altertümliches Kosewort. Welch tolle Vorstellung also in Bezug auf Grafik.

<small>AD</small> Bist Du Kasseler, Kasselaner oder Kasseläner?

<small>JS</small> Ich bin Kasselerin.

<small>AD</small> Was treibt Dich dabei an?

<small>JS</small> Ich interessiere mich unheimlich für Kunst und Kultur und lerne bei meinen Projekten immer wieder viel dazu.

<small>AD</small> Mein Büro unterscheidet sich von anderen in der Stadt, weil …

<small>JS</small> Weil über die Jahre eine hohe Verbindlichkeit zwischen mir und meinen Kunden entstanden ist. Ich könnte mir vorstellen, dass das bei größeren Agenturen nicht so ist. Meine Kunden arbeiten gerne mit mir und das beruht selbstverständlich auf Gegenseitigkeit.

<small>AD</small> Darum sollte man mich kennen …

<small>JS</small> Ich glaube, im Bereich Kultur und Grafik kommt man einfach nicht um mich herum.

<small>AD</small> Warum sollte man nach Kassel kommen?

<small>JS</small> Auch wenn Kassel leider keinen See hat, ist man sehr schnell in der Natur und auch innerstädtisch hat man eine sehr gute Lebensqualität. Beispielsweise gibt es ein tolles Kino und die documenta ist natürlich ein Knaller. Für mich ist sie wie eine Vitaminspritze!

Generell hat sich Kassel in den letzten Jahren sehr positiv entwickelt und es ist schön, die Veränderungen zu beobachten und Teil davon zu sein.

<small>AD</small> Und wie sieht ein perfekter Tag in der Stadt aus, wenn man nur 24 Stunden hat?

<small>JS</small> An meinem perfekten Tag stehe ich um sechs auf, gehe mit dem Hund raus, trinke einen Kaffee und verabrede mich anschließend zum Frühstück im „Rokkeberg". Danach arbeite ich ein bisschen, gehe nachmittags spazieren in der Karlsaue und am frühen Abend in den „Filmladen". Im Sommer würde ich zum Schluss noch den Lolita Bar-Biergarten besuchen.

<small>AD</small> Welcher Ort ist in Kassel, in gestalterischer/typografischer Hinsicht am inspirierendsten?

<small>JS</small> Das Gloria-Kino im 50er Jahre Stil mit tollem Schriftzug, Stecktafel und Kronleuchter.

<small>AD</small> Was braucht man, um in Kassel zu überleben?

<small>JS</small> Man muss sich auf Neues einlassen können, denn die guten Seiten der Stadt offenbaren sich nicht auf den ersten Blick. Also Augen aufmachen!

<small>AD</small> Zum Abschluss: Wo gibt es die beste Ahle Wurscht?

<small>JS</small> Meiner Meinung nach kommt die beste von der Kommune Kaufungen.

Mein Kassel 2

✱

augenstern

Büro für Gestaltung

Kirchweg 66
34119 Kassel
www.buero-augenstern.de

Interview
Anne Dreesbach

Caricatura Galerie für Komische Kunst

von **Jasmin Jonietz**

„Er muss mich zum Lachen bringen." – Nein danke, mich nicht. Von dem wohl am häufigsten formulierten Anspruch an den Traummann habe ich mich noch nie bei der Suche nach meinem Gegenstück leiten lassen. Humor ist gut, aber ich will gar nicht über einen Witz nach dem anderen lachen müssen. Komödien und Komödianten können mir gestohlen bleiben. Das ist auch der Grund, warum ich zugegebenermaßen skeptisch und nicht gerade vorurteilsfrei an mein Blind Date herangehe: Die Caricatura – Galerie für Komische Kunst beschäftigt sich mit Karikatur, Cartoon, Kritik und Komik.

Noch bevor ich die Räumlichkeiten betrete, empfängt mich schon die erste Zeichnung: Ein Plakat, das die laufende Ausstellung ankündigt und ein im Bett liegendes Pärchen zeigt. ER ist gewillt, noch etwas „Spaß" zu haben, SIE möchte lieber lesen. Mit den Worten: „Ach komm Schatz, du willst es doch auch nicht.", wehrt die Frau die Annäherungsversuche des Mannes ab. An dieser Stelle muss ich doch schmunzeln. Vielleicht versteht mein Blind Date mich in meiner mangelnden Begeisterung gerade besser als erwartet.

Während ich mich durch die schlichten Ausstellungsräume bewege, stelle ich fest, dass ich dem Thema Komische Kunst gegenüber aufgeschlossener werde. Zwar packt mich nicht jede der Pointen, aber ich durchschaue immer stärker den künstlerischen Anspruch, dem sich die Karikaturisten in ihrer Arbeit stellen – in ihrer Konkretheit auf den ersten Blick leicht zugänglich regt die gelungene Zeichnung zum Weiterdenken und Assoziieren an. Gerade wegen ihrer Eindeutigkeit transportiert die Karikatur manchmal mehr als der sich über mehrere Spalten ziehende, den Regeln der Diplomatie folgende Zeitungsartikel. Die Frage, warum sich die Caricatura gerade im KulturBahnhof Kassel befindet – ja, diese Umwandlung des alten Kasseler Hauptbahnhofs sogar mitbegründet hat –, stellt sich mir auf einmal gar nicht mehr. Ich lerne das direkte, teilweise grobschlächtige Auftreten meines Dates vielleicht nicht zu lieben, aber durchaus zu schätzen.

Caricatura Galerie für Komische Kunst
KulturBahnhof Kassel
Rainer-Dierichs-Platz 1
34117 Kassel

Blind Date No. 2

Neue Galerie

von **Stefanie Weiß**

Ich fühle mich klein. Sehr klein. Und alleine. Hier ist nämlich niemand. Außer einer freundlichen Mitarbeiterin in der Mitte des Foyers, die ich allerdings erst entdecke, als ich es schaffe, meinen Blick von der meterhohen Decke zu lösen, die mich beim Eintreten sprachlos gemacht hat. Auf meine Frage, ob ich der einzige Besucher bin, flüstert sie zurück, nein, nein, es seien noch einige weitere Besucher da; die würden sich aber auf die zahlreichen Ausstellungsräume verteilen. Aha. Begegnen wird mir abgesehen vom Wachpersonal in den nächsten zwei Stunden trotzdem niemand. Das ist zwar merkwürdig, aber auch spannend: als wäre man heimlich hier. Eine durchaus intime Atmosphäre für ein erstes Date…

Mein erster Eindruck: Raum, Licht und Stille. Dieses Gefühl begleitet mich, während ich durch das Museum streife. Und obwohl mich die ausgestellten Objekte wirklich faszinieren, spüre ich doch eine Distanz, die verhindert, dass die Neue Galerie mich tatsächlich berührt: Ich bewundere die gestickten Buchstaben von Alighiero Boetti, staune über Ulrike Grossarths „Ferne Zwecke" und kichere über die „London Knees" von Claes Oldenburg. Das hören aber vermutlich nur die Motten, die sich nebenan über Beuys' Filzanzug hermachen.

Und dann erwischt sie mich doch noch – die Romantik. Es ist nicht Caspar David Friedrich, wie ich beim ersten, flüchtigen Blick vermute, sondern Johann Christian Clausen Dahl, ein enger Freund Friedrichs, der seine – und meine – Leidenschaft für Sturmgewitter und rauschende Wasserfälle teilt.

Liebe Neue Galerie, auch wenn wir uns zu Beginn etwas zögerlich begegnet sind: Dein hintergründiger Humor und Deine romantischen Seiten haben mir sehr gefallen, obwohl Du versucht hast, sie hinter einer kühl-abstrakten Fassade zu verbergen. Ich komme gern wieder. Was meinst Du?

Neue Galerie
Sammlung der Moderne
Kunst des 19.–21. Jahrhunderts
Schöne Aussicht 1
34117 Kassel

Blind Date No. 3

Fridericianum

von **Anne Dreesbach**

Yes! Ich hab' ein Daaaate! Und zwar nicht mit irgendwem, sondern mit dem Fridericianum – nicht zu trennen von Friedrich II., Landgraf von Kassel (1720–1785). Dieser war genauso, wie man es sich von einem barocken Fürsten wünscht: Er verkaufte hessische Soldaten an die Engländer, die diese im Amerikanischen Unabhängigkeitskrieg einsetzten und wurde mit dem so verdienten Geld einer der reichsten Fürsten Europas. Er war so barock, dass er zum Katholizismus übertrat, weswegen ihn seine Frau Marie samt ihren drei Kindern verließ – aber was hätte das einem barocken Fürsten wohl ausgemacht? Nach dem 7-jährigen Krieg beschloss er, Kassel aufzumotzen, auch das ein veritables barockes Anliegen: Er siedelte Industrie und Manufakturen in Hessen an, holte Künstler und Gelehrte in die Stadt, gründete 1777 die Akademie der Künste UND eröffnete 1779 das erste frei zugängliche Museum des europäischen Festlands: das Fridericianum. Ich stehe auf diese barocken Fürsten, diese kunstsinnigen, vor Angst vor dem Höllenfeuer zitternden, dicken, reichen, mächtigen Typen! Und deswegen bin ich total entzückt, dass ich eben dieses Museum treffen darf und ich verneige mich zunächst huldvoll vor Friedrichs Denkmal auf dem Friedrichsplatz, einem der größten innerstädtischen Plätze Deutschlands, Mittelpunkt jeder documenta. Mag sein, dass er eine Flohfalle unter seiner Perücke trug oder nach viel zu viel süßlichem Parfum duftete: ich finde ihn sexy!

Und das Museum steht seinem Gründer in nichts nach, ein herrlicher klassizistischer Bau in Eierschalenfarbe, groß, golden und würdig prangen die namensgebenden Buchstaben (Capitalis monumentalis) über dem Eingang. Doch die in Neongrün aufgebrachte Schrift auf den Kolonnaden mahnt mich: Wir sind nicht mehr im 18. Jahrhundert, es geht um modernste Kunst! Drinnen erfahre ich von einer netten jungen Dame, dass sich der Kunstverein und die Gemäldegalerie das Museum teilen und dass ich Letztere nicht besuchen kann, weil heute Abend dort eine große Ausstellung eröffnet wird. Kurzer Moment der Enttäuschung. Aber dann: Ich soll doch hinkommen, es gäbe nicht nur eine Rede vom Bürgermeister, sondern auch Sekt. Ich schaue mir also fürs Erste die kleine Ausstellung ZOOZOOZOO vom Kunstverein an. Ein exklusives und intimes Date, denn ich bin die Einzige hier. Schade, denn die Ausstellung, die das Verhältnis von Mensch und Tier untersucht und hinterfragt, welche Position der Mensch in der Natur einnimmt, bringt das Thema spannend auf den Punkt. Etwa die Videoinstallation des spanischen Medienkünstlers Manuel Saiz. Auf zwei Monitoren werden Menschen und Tiere gegenübergestellt, wobei Tier und Mensch stets dieselbe Bewegung machen. Wer ahmt hier wen nach? Eine faszinierende Arbeit.

Mein Date und ich fanden uns so sympathisch, dass wir uns gleich für heute Abend wieder verabredet haben – was will man mehr?

Fridericianum
Friedrichsplatz 18
34117 Kassel

Blind Date No. 4

Schloß Wilhelmshöhe

von **Florian Greßhake**

Wäre dies hier ein reales Blind Date, würde ich mich vor den Kopf gestoßen fühlen, denn: Außer mir ist niemand da. Aber da ich nicht mit einer mir unbekannten Person verabredet bin, sondern das Museum Schloss Wilhelmshöhe am Fuße des Bergparks erkunden soll, ist dies sogar von Vorteil; kann ich mich doch in den weitläufigen und menschenleeren Räumlichkeiten des klassizistischen Schlossgebäudes ungestört umschauen.

Das Museum thront erhaben inmitten der romantischen historischen Parkanlage. Zu dem Schloss kommt der potenziell geneigte Besucher weniger durch Zufall als vielmehr durch bewusste Entscheidung. Die Anlage befindet sich außerhalb des Stadtzentrums; auf die für Kasseler Verhältnisse längere Fahrt mit der Tram folgt zunächst noch ein vergnüglicher Spaziergang durch den Bergpark, ehe das Schloss leicht erhöht liegend ins Blickfeld gerät. Im Sonnenschein wandernd fällt mir die Vorstellung nicht schwer, wie sich Landgraf Wilhelm IX. an der Wende zum 19. Jahrhundert hier neckisch kichernd mit seinen Gespielinnen verlustierte. Aber genug der Fantasie: Ich habe ein Date.

Das zweiflügelige Schloss mit Mitteltrakt, welches Ende des 18. Jahrhunderts im Auftrag ebenjenes latent größenwahnsinnigen Landgrafen errichtet wurde, beheimatet heute die Gemäldegalerie Alte Meister, eine Antikensammlung und eine Graphische Sammlung. Bereits im Museumsfoyer kann ich zwischen allerlei Statuen unbekleideter antiker Heroen umherschreiten, daneben finden sich Skulpturen (abgeschlagene Köpfe) und jede Menge Keramik. Wie romantisch.

Ich begebe mich lieber auf die Suche nach den alten Meistern und finde sie en masse in den oberen Ausstellungsebenen. Dort nutze ich die menschenleeren Räume und Gänge dazu, ein paar leidenschaftliche Selfies mit den Alten Meistern und ihren Werken zu schießen. Es liegt ein Knistern in der Luft, welches lediglich durch das Geräusch der Schuhsohlen des kreisenden Aufsichtspersonals gestört wird. Ansonsten bin ich allein. Erschöpft lasse ich mich schließlich auf einer Bank nieder, betrachte ein wandfüllendes Panoramagemälde voller Tiere und sinniere über mein Blind Date. Wird es ein zweites Treffen mit uns geben? Vielleicht. Ist es die große Liebe? Wohl eher nicht: Andere Grafen haben auch schöne Schlösser.

Schloss Wilhelmshöhe
Schlosspark 1
34131 Kassel

"Blitzschlag mit Lichtschein auf Hirsch"
1000-Jahr-Feier in Kassel

Text
Nadine Beck

Was klingt wie ein deutschtümelndes Brunftgemälde ist meine früheste Erinnerung an Kassel: Die documenta 8 im Jahre 1987, an der ich mit meinen satten 10 Jahren Lebenserfahrung vor obigem Kunstwerk von Joseph Beuys stand und nix verstand. Meine Kunstexpertise damals ging gen null, gemerkt habe ich es mir trotzdem. Knappe 75 Jahre vorher – Achtung, thematische Überleitung! – sah die künstlerische Progressivität in der nordhessischen Kulturlandschaft noch anders aus: Im Jahre 1913 feiert Kassel sein 1000-jähriges Bestehen mit Pomp, historischem Pathos und sehr, sehr viel Kunst. Es lohnt sich, mal hinzugucken zu den Pinselschwingern, Graveuren und Festzugs-Eventmanagern, die dieses Ereignis gestaltet haben. Und besonders auf die Massenmedien, die die Jahrtausend-Sause begleitet haben.

Eingekesselt in die rückwärtsgewandten Feierlichkeiten zum 100. Jahrestag der Völkerschlacht von Leipzig samt 25. Jährung des Amtsantritts Kaiser Wilhelms II. und den fortschrittlichen Jugendtreff am nahen Hohen Meißner feiern die Kasselaner vom 27.–29. September 1913 ihre einst so glorreiche Residenzstadt. Dieser Wiegeschritt zwischen Historienhuldigung und Aufbruch spiegelt sich als Motiv auch auf und in den Medien, die die große Jubiläumsfeier begleiten, beständig wieder: Medaillen, Reklamemarken, Plakate, Festschriften und nicht zuletzt Fotografien und Ansichtskarten. Einige von ihnen sind auf kleinstem Raum gestalterisch sehr reizvoll.

Der Festumzug: „Wie mäh Casseläner anno doh zemoh ußgesehn honn."

Der Magistrat klopft unter hohem künstlerischen Anspruch und Beteiligung fast aller Künstler der Stadt ein monatelanges mit Musik-, Theater- und Sportveranstaltungen überladenes Drei-Tagesprogramm zusammen, dass es nur so kracht. Morgens um 7 Uhr Choralblasen, um 10 Uhr Keulenschwingen der Schülerinnen, 15 Uhr Radfahrerreigen, 20 Uhr Festvorstellung des königlichen Hoftheaters und dazwischen Chasalla-Huldigungen et cetera pp. Als Hauptattraktion paradiert am Sonntag ein kulturhistorischer Fest-

Der Entwurf von Kunstmaler Ferdinand Gild zur Tausendjahrfeier befand sich auf dem Plakat, der Vignette sowie dem Titel aller drei Werbehefte der Stadt zu Handel, Kunst und Festivität der Jubiläumsfeier.

umzug durch die prächtig geschmückten Straßen. Groß und klein, jung und alt, Kasselaner oder Gäste, alle sollen (selbstredend gegen Eintritt) anhand bedeutender Szenen der Stadtgeschichte bestaunen, wie großartig und fürstlich diese einmal war und, bitteschön, auch jetzt immer noch ist. Auch wenn der Kaiser nur als Sommerfrischler jedes Jahr kurz auf Schloß Wilhelmshöhe weilt.

Zu verantworten hat den Umzug der Akademieprofessor mit dem schönen Namen Hermann Knackfuß (1848–1915), von Haus aus Historienmaler und Verfasser mehrbändiger Werke zur deutschen Kunstgeschichte. Wie eine einzige Historienschwarte balzen dann auch Landgrafen und Könige, Bürgerwehren und Mönche sowie Burgfräulein in Kostümen in 20 Gruppen durch die glorreiche Vergangenheit von der Gründung 913 bis zum siegreichen Jahr 1871. Die „Kräfte der Gegenwart" im Nachklapp bis 1913 lassen Zukunftsmusik ahnen. Dem ist dann aber nicht so ganz. Laut Programmheft sollen Handwerksinnungen, der Verein der Blumengeschäftsinhaber oder die Brüder Grimm „die Anhänglichkeit an das Althergebrachte" und „das Gefühl zur Zugehörigkeit zur alten Heimat … offenbaren". Naja.

„Seppel" Gild und Strahlensymbolik

Was der Festumzug vielleicht nicht ganz schafft, machen dafür die Festmedaille und das Plakat zur Tausendjahrfeier wett. Letzteres entstammt der Feder des 34-jährigen Kunstmalers Ferdinand Gild (1879–1940), der sich im Herbst 1913 auch am Hohen Meißner blicken lässt und als lustiger, geselliger Zecher und unabhängiger origineller Kasselaner Kunstgeist bekannt ist. Sein Entwurf des Plakats zeigt den Druselturm als Zeichen der mittelalterlichen Gründung der Stadt vor den Strahlen der aufgehenden Sonne der Strahlenkranz als Chiffre für die Zukunftszugewandtheit und den Aufbruch, wie sie ohne Ende von Jugendstil bis zu den Lebensreformbewegungen Anfang des 20. Jahrhunderts durchkonjugiert wird. Das Plakat erinnert in seiner zeichnerischen und damals modernen Klarheit entfernt an die weltbekannten Illustrationen Otto Ubbelohdes in den Grimm'schen Kinder- und Hausmärchen, die wenige Jahre zuvor erschienen sind. Die Geschichts-Festschrift „Tausend Jahre Kassel" hingegen kommt zwar auch nicht ganz ohne Strahlenkranzsymbolik aus, aber sonst mit einigermaßen konservativer Titelgestaltung daher.

↑ Impressionen des Festumzugs in historisierenden Kostümen.

„Seppel" Gild, wie er nach einem München-Aufenthalt genannt wird, hat die humorliebende Kasseler Kunstszene aber auch mit Landschaftsgemälden und Zeichnungen beglückt, so etwa das Titelblatt zu Henner Piffendeckels (ein Pseudonym Philipp Scheidemanns) Mundart-Buch „Casseläner Jungen", in dem es wortwörtlich im Kasselaner Idiom heißt: „Zwei Casseläner Binselquäler, von denen einer'n Arweider, der annere'n Kunstmohler mit guhdem Namen äs, hon das Biechelchen gewirzt mit Bildern, die sich sehn lossen kännen. (…) Bilder un den Diddel hodd der Kunstkleckser zu verandworden". Mag das Titelblatt noch schlicht daherkommen, das Buch kann es an Wort- und Bildwitz allemal mit Wilhelm Busch aufnehmen.

Wilhelm Busch lässt grüßen: Titel und Illustration von Ferdinand Gild zu Henner Piffendeckels (alias Philipp Scheidemann) „Casseläner Jungen" von 1910 und daraus die Erzählung „D'r kleine Ballewutz".

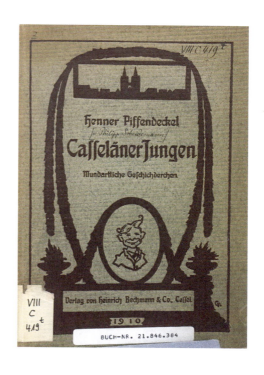

↓ Wurde nicht verliehen, sondern verkauft: Die massive Tausendjahrfeier-Medaille mit der Chasalla von Hermann Dürrich, Oberstudienrat der Gravier- und Zisellierklasse an der Kunstgewerbeschule Kassel.

Der Plakatentwurf wiederum schafft es auch auf die damals so beliebten Werbe-Klebevignetten und den Titel der drei Werbezeitschriften, die in einigen Monaten Abstand zum Jubiläum erscheinen: Eine zum Handel, eine zu Kassel als Kunststadt – denn auch eine umfassende Kunstausstellung mit Werken von Lovis Corinth bis Carl Bantzer inklusive eigenem Katalog und Vignetten gönnt die Stadt sich 1913 – und eine offizielle Festnummer. Alle natürlich von den königlichen Hofbuchdruckern der Gebrüder Gotthelft aus Kassel gefertigt, Anspruch muss sein. Die Reklamevignetten erleben um 1890–1913 ihren Höhepunkt an Beliebtheit: Die kleinen Papierchen ohne Postwert werden zu Verschönerungs- oder Verschlusszwecken auf Briefe geklebt oder gesammelt; es gibt sie zu unzähligen Anlässen, sei es als Wohltätigkeits- und Werbemarke, Militär- und Propagandamarke, zu Weihnachten oder als Spendenaufruf, von Parteien bis zu Vereinen. Sie sind zumeist sehr schön gestaltet, billig in der Produktion mit gleichzeitig hohem Wirkungsgrad und somit das ideale Massen-Werbemittel. Bevor der Erste Weltkrieg auch hier vorerst für Schluss sorgt, geht man für das Jahr 1913 davon aus, dass allein im Deutschen Reich mehr als 50.000 verschiedene (!) Ausgaben gedruckt werden.

Ähnliches Motiv, anderes Medium: die von dem 49-jährigen Graveur Hermann Dürrich (1864–1929), Professor an der Kunstgewerbeschule in Kassel, im Wettbewerb gestalteten Künstler-Medaillen in Gold, Silber und Edelbronze. Sie sollen stolz „mit Schleife in den Farben der Stadt von Männern und Knaben an der Brust getragen, unsere Frauen und Töchter aber als festlicher Halsschmuck an Kettchen zieren" und sind zum „Vorzugspreis" (den sich dann wahrscheinlich doch nur die bürgerlichen Kasselaner und Gäste leisten konnten) in der Hofbuch- und Kunsthandlung von Ernst Hühn zu beziehen. Das „Meisterwerk neuzeitlich deutscher Prägekunst" ziert das jugendliche Profil der personifizierten Stadtgeschichte Chasalla, nach der im Jubeljahrrausch sogar Pastillen, Hotels und orthopädisches Schuhwerk benannt werden, so stark wird der Kult um sie betrieben. Die Rückseite bedient – wen wundert's – wieder das Strahlenkranz-Zukunftsleitmotiv hinter dem jüngst gebauten Rathaus. Die Message auch hier: Man weiß seit 1.000 Jahren in der Stadt, was man (künstlerisch) tut, das bleibt auch in der Zukunft so.

**Das goldene Zeitalter der Postkarte:
Von der Klapperpost zur „Grusy"**

Ob Vignette oder Festschrift, Medaille oder Werbeblatt, der unbestrittene Sieger in der Sparte beliebtestes und vielseitigstes Medium der damaligen Zeit ist und bleibt die Ansichtskarte. Sie ist an künstlerischer Vielfalt und Beliebigkeit der Gestaltung und Verwendungsmöglichkeiten nicht zu überbieten. Selbst bemalt, als Lithografie, mit Fotografie, Zeichnung, nur mit Ornament oder mit dem omnipräsenten Antlitz des Kaisers, mit erotischen Motiven oder lustigen Karikaturen: Die Karte ist die große Schwester der Vignette und der exhibitionistische Kommunist unter den Postmedien, von jedem lesbar, überall hin zu verschicken

↑ „Das beste Andenken an Cassel"? Dafür aber auf jeden Fall formschön und mit konkurrenzlosem Maß-System dank „Chasalla-Meßapparat": Der Chasalla-Schuh.

→ In Wirklichkeit sind Schwälmer Trachtenträgerinnen viel hübscher als auf diesem Bild mit herber Schönheit zum Hessischen Trachtenfest der Tausendjahrfeier.

↓ Karikatur des großen Jubiläumspomps: „Grosse Wohnungsnoth" und die Kehrseite von 150.000 Besuchern in einer kleinen Stadt.

und für fast jeden bezahlbar, nur schreiben und lesen muss irgendwie bewerkstelligt werden. Die Vorläufer der Postkarte entstehen in der zweiten Hälfte des 18. Jahrhunderts als „offene Sendungen" in Frankreich. Aber auch in Wien verschickt man sie zu der Zeit per „Klapperpost", die ein Bote zustellt und sich mit einer Handklapper beim Empfänger bemerkbar macht. Lange Zeit fasst man sich, auch aus Platzgründen, kurz und vermerkt oder verkündet auf den „Correspondenzkarten" das Nötigste, und sei es auf einer kostenfreien Feldpostkarte im Deutsch-Französischen Krieg 1870/71, dass man noch lebt. Die Karten werden in Städten teilweise innerhalb zweier Stunden bis zu sieben Mal pro Tag zustellt, Sendungen mit maximal fünf Worten sind sogar günstiger im Porto – da sage mal einer, Kurznachrichten wären eine Erfindung der Jetztzeit. Mit Aufkommen der Ansichtspostkarte ab Beginn der 1880er Jahre erkennt auch der Tourismus im Deutschen Reich das Potenzial. „Gruß aus … " wird für die Erlebnisgesellschaft der Kaiserzeit zu dem Massen-Mitteilungsmedium schlechthin, selbst in Polen nennt man diese illustrierten Grußpostkarten kurz „Grusy".

Zur Tausendjahrfeier Kassels schickt die Stadt Fotografen durch die Straßen und lässt sich in vollem Wichs und den Umzug mit 150.000 Zuschauern bei Kaiserwetter verewigen. Das Ergebnis gibt es als Festausgabe im Album mit 40 Aufnahmen und edler Aufmachung sowie als Ansichtskarten-Packs und einzeln als Souvenir. Allein im Stadtarchiv Kassel sind heute noch über 100 Motivkarten und Kartenserien digitalisiert und einsehbar, von gemalten Szenen aus der Kassel-Historie bis zu Kompositionen mit Sehenswürdigkeiten der Stadt, aber auch ornamentale Druckwerke mit den Jubiläumszahlen und – man ahnt es schon – Strahlenkränzen. Sie dokumentieren nicht nur das Selbstverständnis dieses Events, sondern auch dessen Kehrseite: Auf zwei erhaltenen Postkarten schauen Karikaturen hinter die Kulissen des Spektakels. Die Zeichnung „Grosse Wohnungsnoth" thematisiert farbenfroh die Bettsituation in den sogenannten „Bürgerquartieren" für zugereiste Besucher des Fests, inklusive umgeschütteter Nachttöpfe, Ungeziefer und überteuerter Preise für unwürdige Zustände. Eine weitere nimmt mit „Der Festzug kommt! " den Einsatz von Polizeigewalt beim pompösen Festzug aufs Korn. Dickbäuchige, groteske Pickelhaubenträger nehmen vermeintliche Störenfriede fest und halten säbelrasselnd die Zuschauermengen in Schach, Polizeihunde kläffen Festgesetzte an, rennen Menschen über den Haufen oder beißen Polizisten ins Bein – das sind bestimmt nicht die Bilder, mit denen Kassel 1913 zu seinem Ehrenfest in Erinnerung bleiben möchte. Aber dank dieser leider unbekannten Künstler bekommen wir heute ein paar kleine blitzschlagartige Lichtscheine auf die Schattenseite dieses Jubiläums-Platzhirsches.

↓ Etwas größer als zwei heutige Standardbriefmarken wurden die Vignetten der Kunstausstellung zum Super-Jubiläumsjahr 1913 in dreifacher Ausfertigung gestaltet.

Kassel ist noch nicht wiederentdeckt, übernutzt, für hip erklärbar ...

Interview
Florian Greßhake
Anne Dreesbach

Zu Besuch bei Friedrich Forssman

Friedrich Forssman, einer der bedeutendsten Buchgestalter und Typografen Deutschlands, wohnt in Kassel am Fuße des Bergparks. Wir besuchten ihn in seinem Haus, das uns sofort in seinen Bann zog. Zwischen unzähligen Büchern und historischen Werbeschildern aus Karton unterhielten wir uns bei handgebrühtem Kaffee über die Zukunft der Buchgestaltung, typografische Herausforderungen, Lieblingsorte und die Besonderheiten der nordhessischen Großstadt.

Dieser Text wurde auf Wunsch von Friedrich Forssman in alter Rechtschreibung verfasst.

FLORIAN GRESSHAKE Gibt es eine persönliche Frage, die Sie schon immer einmal hätten hören wollen?

FRIEDRICH FORSSMAN So gerne ich Ihnen auf die kreative Frage eine brillante Antwort geben würde: Bei dieser Art von Gesprächen habe ich nicht das Gefühl, daß es um meine Person geht, sondern vielmehr um das Thema Buchgestaltung. Was mich ganz außerordentlich freut. 1982, als ich die Schule schmiß, um Schriftsetzerlehrling zu werden, stand die Buchgestaltung unter einem viel stärkeren Druck als heute. Sie bediente einen Massengeschmack, damit einher ging die Abnahme des Interesses am Handwerk. Es gab zudem ein technisches Problem: Der Bleisatz existierte nicht mehr, und der Fotosatz war nicht gut genug. Damals habe ich mir – nach Borges, und mit der Frechheit der Jugend – gesagt: „Nur eine verlorene Sache kann den Gentleman interessieren." Ich war so vernarrt in Bücher, ich war so sehr daran interessiert, wie ihr Aussehen mein Lesen steuert, daß ich überzeugt war, es müsse einfach genug Leute geben, denen es ebenso geht, sodaß ich damit beruflich über die Runden kommen können würde. Das stellte sich dann auch so heraus.

FG Warum hat die Buchgestaltung seitdem die Krise überwunden?

FF Der verbreitete Pessimismus der 80er Jahre hatte durchaus seine Berechtigung: Neben dem Überhandnehmen der Klebebindung war vor allem schlechter Satz auf teuren Satzrechnern das Problem. Computer brachten zunächst nämlich keine bessere Verteilung der Produktionsmittel mit sich, dazu waren sie und ihre Schriften – die zwischen den Systemen nicht austauschbar waren – viel zu teuer. Zudem war die technische Hürde hoch: Die Maschine, auf der ich 1982 das Setzen gelernt habe, war zwar ein Computer, aber mit Intuition kam man damals nicht weit. Es gab noch keine Mäuse, Fenster und Icons, sondern Befehlszeilen in Grün auf Schwarz, das Setzen geschah ohne optische Kontrolle des Ergebnisses. Aber auch das Rettende wuchs, etwa in Form des „Forums Typographie". Und es gab natürlich, wie zu jeder Zeit, auch damals hervorragende Buchgestalter, etwa meinen Lehrer Hans Peter Willberg in Deutschland, Max Caflisch in der Schweiz und viele andere, die phantastische Arbeit leisteten, deren Arbeiten vorbildhaft bleiben werden und nicht genug studiert werden können.

Aber wenn ich die Augen schließe und einen imaginären Rundgang durch eine Buchhandlung des Jahres 1980 oder 1982 mache, dann ist der Gesamteindruck der Bücher sehr viel uniformer, sehr viel trüber und hoffnungsloser als heute, wo mir eine sehr viel größere Vielfalt entgegenschlägt.

Aber wenn ich die Augen schließe und einen imaginären Rundgang durch eine Buchhandlung des Jahres 1980 oder 1982 mache, dann ist der Gesamteindruck der Bücher von damals sehr viel uniformer, trüber und lustloser als heute. Daß das Buch seitdem seinen Wert beweisen und zeigen mußte, was es als Medium wirklich ausmacht, tat unserer Sache durchaus gut. Was wir am Buch haben, ist eine sehr unkomplizierte und sehr dauerhafte Aufbewahrungsmöglichkeit von Texten: Es war niemandem jemals möglich, einen Text zurückzunehmen, der als Buch erschienen ist. Ein Buch bietet direkten Zugriff auf die Texte, ohne Stromanschluß, Betriebssystem oder Netzzugriff. Das System der Bücher ist ästhetisch und funktional äußerst ausdifferenziert und hat sich seit der Antike entwickelt und bewährt.

> *Wer elektronisches Publizieren sagt, sagt auch elektronisches Rechtemanagement, oder er sagt vollkommen freie Verteilung ohne finanzielle Wertschöpfung. Und beides ist unerträglich.*

FG Wo wird sich Ihrer Meinung nach die Buchgestaltung in den nächsten 15 Jahren hinbewegen?

FF Ich denke nicht, daß sich die Buchgestaltung in 15 Jahren sonderlich geändert haben wird. Ein ganz wesentlicher Schritt ist vollzogen. Nämlich die Stärkung des Vertrauens der Buchmenschen – der Leser, der Gestalter, der Verleger – in ihre Arbeit und ihr Medium. Es hat sich herumgesprochen, daß elektronische Publikationen viel fragiler sind als analoge und daß ihre Aufbewahrung ungleich teurer ist. Wenn es um die dauerhafte Speicherung von Texten geht, um das anonyme Lesen und anonyme Weitergeben, dann sind das Dinge, die elektronisch gar nicht funktionieren können. Wer „elektronisches Publizieren" sagt, sagt auch „digitales Rechtemanagement", oder aber „vollkommen freie Verteilung geistiger Leistung ohne Bezahlung ihrer Urheber". Und beides ist unerträglich. Wer vielleicht noch vor fünf Jahren dachte, daß der ewige Frieden nah und staatliche Willkür in unaufhaltsamem Abnehmen begriffen sei, wird heute leider anders denken müssen. Ausgerechnet in Bibliotheken gibt es übrigens noch viele Absurditäten: Hier wird oft die widersprüchliche Haltung aus der Wirtschaft kopiert: „Erstens ist die Digitalisierung ganz und gar großartig, und zweitens ist sie ohnehin unausweichlich, und wir passen uns mal besser flink an", also eine manisch-depressive Kombination aus Heilserwartung und Resignation. Noch immer gehen zu viele Leute mit elektronischem Lesen sehr naiv um, bis hin zu dieser ärgerlichen Aussage, daß sie ja nichts zu verbergen haben. Das heißt, daß man kein Privatleben hat, und daß man aus Bequemlichkeit Grundrechte verkommen läßt. Und jedes Recht, das man nicht wahrnimmt, verkümmert. Selbstverständlich hat jeder von uns vor irgendwem irgendwann etwas zu verbergen. Wir müssen die Beweislast umkehren, die Verfechter des elektronischen Publizierens müssen glaubhaft darlegen, was ihnen zur digitalen Langzeitarchivierung, zum Rechtemanagement und zur Weitergabe von Texten einfällt. Aber das Umdenken hat begonnen. Schon 2014 sagte selbst Sascha Lobo „Das Internet ist kaputt!". Es wird nun endlich Zeit, danach zu handeln.

AD Wir brauchen Bücher, aber brauchen wir wirklich die Typografie?

FF „Kultur ist Reichtum an Problemen", um Egon Friedell zu zitieren. Das typografische Grundproblem – oder besser: der Grund-Reiz – ist der Widerspruch zwischen Lesen und Sehen. Wer liest, sieht nicht. Natürlich ist das Lesen ein Sehvorgang, aber ein Vorgang des bewußten ästhetischen Wahrnehmens ist es nicht. Sogar ich, der leidenschaftliche Mikrotypograf – oder gar Nanotypograf – kann 200 Seiten lesen, ohne ein einziges Mal die Aufmerksamkeit darauf gerichtet zu haben, ob die Seitenzahl oben oder unten steht oder ob die Satzschrift die Times oder die Garamond ist. Mehr noch: ich kann diese 200 Seiten nur lesen, wenn ich auf all das nicht achte. Typografie muß es schaffen, in diesem Sinne unsichtbar zu sein. Das schafft sie übrigens ziemlich mühelos: Wenn ich ein Buch lesen will, dann muß es schon ganz besonders schlecht gesetzt sein, damit ich aus dem Lesen gerissen werde. Der befriedigendste Zustand ist erreicht, wenn beides gut möglich ist: Wenn wir erstens leicht lesen können, weil die Typografie so konventionell ist, daß sie in den Hintergrund sinkt, und wir genau darum diesen geheimnisvollen Prozeß des Lesens hinbekommen. Und wenn wir zweitens, etwa während wir das Buch gerade kennenlernen, durch die Gestaltung einen sinnvollen, passenden Ein-

druck des Ganzen bekommen. Wenn das Buch bei beiden Betrachtungsweisen befriedigend und einladend ist, so hat die Typografie ihr Ziel erreicht. Wenn diese beiden Ebenen auch noch miteinander zu tun haben, sodaß Sie also in der Phase, in der Sie in diesen Trancezustand des Lesens sinken, nicht einen Bruch spüren zwischen dem, was Sie gerade noch gesehen haben und dem, was Sie lesen, sondern Sie – je nach Kenntnisstand und Interesse – ein intuitives oder bewußtes Einverständnis verspüren, dann haben alle gewonnen: Sie als Leser, der Typograph, der Verleger und der Autor. Solche Bücher versuchen meine zahlreichen vorzüglichen Kolleginnen und Kollegen und ich zu machen. Ich freue mich natürlich besonders über die Bücher von Kollegen, denn es ist schwierig, Bücher zu lesen, die man selbst gestaltet hat. Das Korrigierenwollen im Großen und Kleinen endet nie.

ANNE DREESBACH Ich möchte gerne einmal die Perspektive umdrehen. Müssen Sie den Inhalt wahrnehmen, um ein Buch angemessen setzen zu können? Muss man die 1.200 Seiten gelesen haben, bevor man den Zauberberg setzt?

FF Bevor ich Ihnen das sagen könnte, stellt sich die Frage, was es denn bedeutet, einen Text zu lesen. „Was heißt: einen literarischen Text interpretieren" – um den Buchtitel eines unlängst erschienenen Buchs von Jan Philipp Reemtsma zu zitieren –, was ist denn Verständnis eines Textes, was könnte ein inhaltliches Substrat sein, das typografiefähig wäre? Dafür gibt es durchaus Kriterien, allgemeine und buchspezifische. Ich muß ein Gefühl für das jeweilige Buch entwickeln, und dazu kann es durchaus genügen, daß mir das Lektorat einen Klappentext sendet oder mir Entsprechendes über das Buch erzählt. Natürlich ist es der Idealfall, wenn ich über den Text und den Autor gut Bescheid weiß. Was genau muß ich über das Buch wissen, um gestalterisch darauf so zu reagieren, daß meine Lösungen von den Lesern begrüßt und verstanden werden können? Jedenfalls genug, um zu wissen, welche Reaktionsformen, die sich mir bei der Beschäftigung mit dem Buch aufdrängen, der Sache am besten gerecht werden. Einige dieser Möglichkeiten habe ich in meinem Büchlein „Wie ich Bücher gestalte" geschildert: historische, formalistische, schriftbezogene, bildbezogene und viele andere. Es kommt übrigens auch darauf an, wie groß meine Freiheitsgrade sind, also auch auf die Vorgaben von Reihen und Verlagen.

FG Das wäre eigentlich ein schönes Schlusswort, aber so weit sind wir noch nicht. Es gibt diverse Werke, an denen Sie viele Jahre gearbeitet haben oder womöglich noch immer arbeiten. Aber existiert jenseits dessen ein Buch oder ein Werk, mit dem Sie sich persönlich einmal explizit gestalterisch auseinandersetzen möchten? Etwas, das gedanklich bei Ihnen im Regal steht, von dem Sie sagen, dass Sie in 15 Jahren aus reiner buchgestalterischer Leidenschaft damit beginnen.

FF Ich müßte kein eigenes Projekt ersinnen, um buchgestalterische Leidenschaft zu entfalten. Es kommt aber vor. Ganz am Anfang meiner Tätigkeit stand die Arbeit für die Arno Schmidt Stiftung. Das war ein Projekt, das ich mir ausgedacht hatte. Ich hatte als Student ausprobiert – was damals aus den beschriebenen Gründen mit gewissen technischen Hürden einherging –, wie es aussehen würde, wenn man „Zettel's Traum" und das weitere Spätwerk Arno Schmidts setzt. Und ich bekam dann den Auftrag, das Projekt auszuführen, also die über 2.000 hochkomplexen Seiten zu setzen. Ein gutes Beispiel für einen weißen Fleck auf der Landkarte der Typografie – für die Vermessung von Neuland. In diesem Falle ging es um die Probleme der ungewöhnlichen Orthografie und Zeichensetzung Arno Schmidts im Zusammentreffen mit dem Anspruch des Lesers auf Regelkonformität. Wir Typografen und Buchgestalter suchen, wie gesagt, nicht das Außergewöhnliche, schon gar nicht auf der Ebene des Lesetextes, sondern die Normung und das Unauffällige. Wie weit lassen sich Arno Schmidts Texte eigentlich normen, ohne daß man sie im Mindesten beschneidet? Das war damals mein Untersuchungsgegenstand und ein ausgesprochen großer biografischer Glücksfall, denn diese Lücke hätte nicht auf mich gewartet. Wenn ich 15 Jahre später geboren worden wäre, dann hätten sich andere damit beschäftigt; spätestens seit dem Aufkommen des Desktop-Publishings und der allgemeinen Verfügbarkeit von Satz. – Es gab natürlich auch weitere Projekte, an denen ich interessiert war, etwa an der Neugestaltung der Universal-Bibliothek im Reclam Verlag. Ich hatte, um diesen Auftrag zu bekommen, den vortrefflichen Verleger Frank Max über Jahre hinweg bearbeitet, und durfte schließlich auch die Innentypografie lesefreundlicher gestalten. Es ist ja nun leider nicht so, daß ich nur auf ein Projekt zeige und es automatisch bekomme, sondern ich muss Kalt-Akquise betreiben wie jeder andere auch. Das muß man als Teil des Vergnügens sehen. Aber es ist natürlich besonders schön, wenn einem großartige Projekte angetragen werden. So hatten meine Frau und ich das Glück, daß wir die Lutherbibel für das Jahr 2017 gestalten durften. Das war selbstverständlich eine beson-

> *Wir Typografen und Buchgestalter suchen nicht das Außergewöhnliche, schon gar nicht auf der Ebene des Lesetextes, sondern die Normung und das Unauffällige.*

dere Ehre und Freude. Ebenso kam ich eher zufällig zur Arbeit an der historisch-kritischen Walter-Benjamin-Ausgabe. – Leider kann ich Ihre Frage nicht sehr pointiert beantworten: Es gibt kein unerfülltes Herzensprojekt. Ich hätte mich sonst auch schon drangemacht.

AD **Gibt es denn eine typografische Herausforderung oder ein typografisches Problem, das Sie mit sich herumtragen?**

FF Es gibt eine Menge Zielkonflikte in der Typografie. Es wäre auch langweilig, wenn es anders wäre. Das sind die alltäglichen Herausforderungen, an denen ich Wohlgefallen habe. Am liebsten wäre es mir natürlich, es gäbe gar keine Trennungen, und am liebsten wären mir ganz gleichmäßige Wortabstände – aber das tiefe Lesen erfordert Blocksatz. Da haben Sie schon einen Zielkonflikt. Da es schon Trennungen geben muß, sollten diese möglichst semantisch erfolgen, jedenfalls müssen Trennungen wie „dement-/sprechend" vermieden werden. Man muß ziemlich schlecht setzen, bis ein Leser über Trennungen stolpert, aber „Das merkt schon keiner" ist nicht die Grundlage typografischen Handelns. Wir haben sodann immer wieder Konflikte von Inkompatibilitäten: So gibt es den gestalterischen Wunsch, den Zeilenabstand und die Position der ersten und der letzten Zeile jeder Seite – also die „Registerhaltigkeit" – durch das ganze Buch beizubehalten. Was aber mache ich, wenn ein Kapitel mit einer einzigen übriggebliebenen Zeile endet, die sich partout nicht hineinquetschen zu lassen scheint? Als Typograf muß man ständig mit Kompromissen leben. Man muß auch das als Teil des Spaßes sehen.

Am liebsten wäre es mir, es gäbe gar keine Trennungen, und am liebsten wären mir ganz gleichmäßige Wortabstände.

FG **Jetzt haben wir schon recht viel über Gestaltung gesprochen. Wir haben aber auch noch ein paar Fragen zur Stadt Kassel, in der Sie leben. Gibt es in den Zeiten außerhalb der documenta so etwas wie einen eigenen gestalterischen Geist in Kassel? Eine Art der Inspiration, die man für seine gestalterische Arbeit aus der Stadt ziehen kann?**

FF Es gibt natürlich Gestalter, die ein vibrierendes, äußerst inspirationsreiches Umfeld anregend finden. Die werden sich in den angesagten Großstädten wohler fühlen. Ich sehe bei dieser Art von Orten eher die Gefahr von Klischeeverstärkung. Natürlich gibt es auch in Kassel eine nette Gestalterszene, auch eine Gestaltungshochschule, aber man muß sich nicht jeden Abend entscheiden, welchen Star man auf welcher Bühne sehen will. Und nicht jeder braucht solcherart Anregungen. Mir geht es zum Beispiel so, daß ich lieber nur aus dem Augenwinkel wahrnehme, was gerade als aktuell gehandelt wird. Wenn ich das zu sehr in den Fokus nehme, lähmt es mich. Natürlich muß ich auch Aktualitäten kennen und bedienen. Als Buchgestalter habe ich zwar ein besonders träges System unter den Händen, aber ich bin ja auch Ausstellungsarchitekt. Und Ausstellung wiederum ist ein nervöses, innovationsgetriebenes Medium. Natürlich muß und möchte ich mich mit Trends, Entwicklungen und Erwartungen des Publikums auseinandersetzen. Aber ich muß das auch ignorieren können und Zugang zu anderen Quellen finden, vor allem Historisches aus allen Epochen. Da empfinde ich ein ruhiges und stabiles Umfeld sehr viel hilfreicher. Kassel hat die schreckliche Geschichte, vor etwa 70 Jahren innerhalb von Stunden von einer der schönsten zu einer der kaputtesten Städte der Welt geworden zu sein. Eine Kunsthistorikerin meines Alters sagte mir einmal, daß sie in dem Wissen darum, was Kassel gewesen ist, bis heute Phantomschmerz spürt. Das kann jeder nachfühlen, der in Kassel wohnt und der nicht vollkommen geschichtsvergessen ist. Kassel ist andererseits gerade dadurch noch nicht wiederentdeckt, übernutzt, für hip erklärbar, durchdefiniert und fertig wiederaufgebaut, und das wird noch sehr lange so bleiben. So hat die Stadt etwas Unaufgeräumtes und Belebendes – und auch gar keinen Chauvinismus und albernen Städtestolz, der in Ablehnung von Zuzüglern umschlagen könnte.

AD **Wenn Sie uns einen Ort nennen müssten, der besonders schön ist, welchen würden Sie nennen?**

FF Wenn wir jetzt Naturschönheit, Architekturschönheit und alles Mögliche zusammensuchen, dann könnten wir eine Art von objektivierbarer Liste von Schönheit zusammenstellen, auf die wir uns einigen. Was dann jedoch herauskäme, wäre einerseits nichts Überraschendes, andererseits immer etwas Gefährdetes. Das ist das, was ich an schönen Orten rasch lästig finde: Sie sind als Idyll entweder gleich wieder durch Produkte aktueller Investorenfreude und infrastruktureller Maßnahmen gefährdet, oder aber sie sind heftig unter Schutz gestellt, und dann wiederum von Touristen überrannt, überrestauriert und entwicklungsunfähig. Die Orte, an denen ich am glücklichsten bin, sind übriggeblieben und randständig. Meine Frau und ich reisen gern in einem Vorkriegsautomobil durch die Lande, weitgehend planlos, meist ohne zu wissen, wo wir die nächste Nacht verbringen werden. Wir haben keine – bekanntlich immer normierenden – elektronischen Hilfsmittel bei uns, lassen uns einfach so treiben, schauen, was für Geschichten uns zustoßen und wem wir begegnen. Da hilft so ein alter Wagen, weil man überall lächelnde Gesichter sieht. Und der übrigens auch oft genug liegenbleibt, um in Kontakt mit der Bevölkerung treten zu müssen. Ich repariere ihn, und wir sitzen danach in einer Kleinstadt in Estland oder einem Dorf in Schweden, und es gibt einen lustigen Kiosk am Rand des Fußballplatzes mit ein paar verrosteten Stühlen davor. Diese Welträndern, wo aber Leben ist, wo die Leute sich treffen, wo man jemandem begegnen kann, wo das Idyll eher in meiner Fantasie stattfindet als im Abhaken möglichst vieler Qualitätskriterien: das sind die Orte in der Ferne und in Deutschland, an denen es mir am besten geht, und wo mir die besten Einfälle kommen. Und auch in Kassel gibt es viele solche Orte, eigentlich ist fast ganz Kassel so ein Ort.

FG **Sie sollten Reisebuchautor werden ...**

FF ... und „Detailmotorik" und „Erste Hilfe in Verbrennungsmotoren" schreiben? Ich verrate Ihnen lieber meine Lieblingsorte in Kassel. Die Markthalle am „Graben" an Donnerstagen. Die Bierbank vor der Wurstbude am Gartenmarkt in der Nordstadt. Die Tische vor dem „Weißenstein" am Königstor. Die Ausflugsgaststätte „Silbersee" im Habichtswald, mit Weichholzpaneelen, Aquarium und ausgestopften Tieren, an einem regnerischen Dienstag. Und immer wieder den Bergpark Wilhelmshöhe, denn das ist ein ungefährdetes Idyll, jedenfalls seit die UNESCO darüber wacht..

documenta
— die Außenwerke

Wenn die documenta alle fünf Jahre in Kassel zu Gast ist und 100 Tage lang die internationale Kunstszene durcheinanderwirbelt, bleibt doch das ein oder andere Ausstellungsstück der Stadt auch darüber hinaus erhalten. Wir haben uns auf die Suche nach ihnen gemacht. Alle haben wir leider nicht entdeckt, weil beispielsweise die AOK mit der Klanginstallation im Treppenhaus geschlossen war, aber auch, weil es keine Hinweisschilder gibt. Das ist überhaupt sehr auffällig: die Objekte „verschwinden" quasi im Stadtbild. Es sind definitiv keine auf Hochglanz polierten und mit Alarm gesicherten Kunstwerke, wie man es aus dem Museum kennt – ein Schritt zu nah an die Wand getreten und die Sirenen sirren los! Aber genau das macht auch den Reiz der Installationen aus. Unser Fazit: Manchmal war es ganz einfach, manche waren nicht so leicht zu entdecken, wie zum Beispiel der Erdkilometer. Und bei manchen haben wir fast den Wald vor lauter Bäumen nicht gesehen!

Text
Stefanie Weiß
Theresa Haunberger

„7000 Eichen – Stadtverwaldung statt Stadtverwaltung".

Und Bäume haben es ganz besonders Joseph Beuys angetan. Zur documenta 7 im Jahre 1982 realisierte er sein Werk „7.000 Eichen – Stadtverwaldung statt Stadtverwaltung" und veränderte dadurch das Stadtbild nachhaltig. An 7.000 verschiedenen Standorten wurden ebensoviele Eichen in Begleitung je einer Basaltstele gepflanzt. Durch diesen Bruch der strengen urbanen Struktur, entwickelte sich Beuys' Werk zu einem der bedeutendsten in der Geschichte der documenta und gibt dem Besucher auch heute noch einen guten Anreiz für einen Spaziergang durch die Stadt.

„Die Fremden"

Eine deutliche Kritik an sozialen Umständen übte Thomas Schütte mit seinem Kunstwerk „Die Fremden" zur documenta 9 im Jahre 1992. Das heute zunehmend an Aktualität gewinnende Werk zeigt hoffnungslos und ratlos wirkende Figuren, die vom Säulenportal des ehemaligen Roten Palais auf das wilde Stadtgeschehen herabblicken. Durch die stereotype Darstellung ihrer Unterschiede in ethnischer und geographischer Herkunft, verkörpern sie soziale Randgruppen der Gesellschaft. Bereits im Titel zielt der Künstler auf eine Reflexion der Themen Fremdartigkeit, Integration und Ausgrenzung ab.

„Der vertikale Erdkilometer"

Eines der größten Kunstwerke der documenta-Geschichte ist ironischerweise sehr leicht zu übersehen. Doch wer genau hinsieht, entdeckt mit etwas Glück eine im Boden vor dem Fridericianum eingelassene Metallscheibe mit einem Durchmesser von fünf Zentimetern: die Spitze von Walter De Marias vertikalem Erdkilometer, installiert anlässlich der documenta 6 im Jahre 1977. Hierbei handelt es sich um einen Messingstab mit der Länge eines Kilometers, der vertikal in die Erde abgesenkt wurde. Besonders bei kritischen Denkern lässt dieses Werk natürlich einige Zweifel an seiner Existenz aufkommen. Die Tatsache, dass sich unter der Scheibe wirklich ein Kilometer Metall befindet, bleibt dem Auge nämlich verborgen.

„Rahmenbau"

Das Phänomen des selektiven Sehens war ausschlaggebend für das Kunstwerk von Haus-Rucker-Co. zur documenta 6 im Jahre 1977. Wie der Titel „Rahmenbau" vermuten lässt, erstellte das Künstlerkollektiv den Rahmen mit der Absicht, den Blick des Betrachters gezielt zu lenken. Durch diese Installation erscheint die gewohnte Landschaft der Stadt wie ein großes Dia und der Alltag wird somit als lebendige Kunst präsentiert.

„Idee di Pietra"

Auf den ersten Blick ist nur schwer erkennbar, dass es sich bei Giuseppe Penones Kunstwerk „Idee di Pietra" (documenta 13, 2012) nicht um einen natürlichen Baum, sondern um einen Bronzeabguss handelt. Es zeigt einen Haselnussbaum, dessen Äste einen großen Granitfindling tragen. Die Skulptur stellt die Wahrnehmung des Betrachters auf den Kopf: Der schwere Stein scheint mit Leichtigkeit im Geäst zu schweben, das „Holz" des Stamms entpuppt sich beinahe erst bei der Berührung als Metall.

"Man walking to the sky"

Eines der beliebtesten Motive für Erinnerungsfotos und Werbung bildet der zur documenta 9 im Jahre 1992 installierte „Himmelsstürmer" von Jonathan Borofsky. Es zeigt einen Mann, der trotz seiner kritischen Situation zwischen Aufstieg und Absturz mit energischen Schritten auf einem dünnen Rohr nach oben strebt, ohne dabei einen Blick zurück zu werfen. Diese Zielstrebigkeit und dieser Optimismus machen das Kunstwerk zum Hoffnungssymbol der Region.

"Ein Granitblock..."

Was auf den ersten Blick wie ein einfacher Stein wirkt, ist Ulrich Rückriems Kunstwerk „Ein Granitblock (300 x 180 x 100 cm) in drei Teile gespalten / Der mittlere Teil in 4 Teile geschnitten / Alle Teile zur ursprünglichen Blockform zusammengefügt / Der untere Teil als Fundament in die Erde eingelassen." – Ein Kunstwerk mit Fokus auf dem Material selbst. Durch diesen außergewöhnlichen Titel ruft der Künstler das Publikum dazu auf, seine Arbeitsschritte nachzuvollziehen. Diese blieben als Narben im Stein erkennbar – der Granitblock behält trotz allem seine natürliche Form bei. Der Künstler präsentiert somit das Material selbst als Kunstwerk.

"Spitzhacke"

Eines der auffälligsten dauerhaft ausgestellten Kunstwerke der documenta ist Claes Oldenburgs „Spitzhacke", die zur documenta 7 im Jahre 1982 aufgestellt wurde. Aufgrund der Verfremdung durch die überdimensionale Vergrößerung wirkt das Kunstwerk geradezu fantastisch und gibt Grund für die Verbreitung eines Mythos: Man erzählt, Herkules selbst habe die Hacke über die Stadt geschleudert. Abgesehen davon trägt das Werk jedoch eine für die Stadt viel bedeutendere Symbolik: Sie erinnert als Handwerkzeug an die Wiederaufbauzeit Kassels nach dem Zweiten Weltkrieg.

„THE MIDDLE OF THE MIDDLE OF THE MIDDLE OF"

Ähnlich einer Propagandaschrift tarnt sich Lawrence Weines Kunstwerk „THE MIDDLE OF THE MIDDLE OF THE MIDDLE OF / DIE MITTE VON DIE MITTE VON DIE MITTE VON" in der Stadtlandschaft. Die zur documenta 13 im Jahre 2012 angebrachte Schablonenschrift in der Nähe des Rathauses stellt die Definitionsmacht über Kunst in Frage: Wer definiert, was Kunst ist? Und kritisiert den Drang nach einer „Mitte", also die Eingrenzung der Kunst auf einen konkreten Standpunkt. Mit der ständigen Wiederholung zeigt der Künstler diese Mitte als ein verwirrendes und irreales Konzept.

„Das Traumschiff Tante Olga"

Wirklich „traumhaft" ist das heute auf dem Freigelände der Heinrich-Schütz-Schule stehende Kunstwerk von Anatol, das zur documenta 6 im Jahre 1977 gebaut wurde – ein zerbrechlich wirkendes Schiffchen namens „Traumschiff Tante Olga". Durch dessen Zartheit und Form gleicht es einem überdimensionalen Papierschiffchen, welches Erinnerungen an die eigene Kindheit wachruft. Wenig überraschend ist also die Intention des Künstlers, durch sein Werk den Träumen von Kindern einen Platz in der Stadt zu geben. Anatol bewies übrigens die Seetüchtigkeit des Boots, indem er darin vom Nordseebad Dangast über Weser und Fulda zur documenta-Eröffnung anreiste.

„Laserscape Kassel"

Als erstes permanentes Laser-Licht-Kunstwerk der Welt wurde Horst H. Baumanns „Laserscape Kassel" im Jahre 1977 zur documenta 6 installiert. Durch sein Lichtspiel verbindet das Werk Kassels kulturelle Highlights und historische Eckpunkte zu einer Art immateriellem Kulturstadtplan. Die so geschaffenen Blickachsen laden den nächtlichen Betrachter ein, diese Orte zu besuchen und so die Stadtgeschichte zu erkunden.

Eine grafische Revolution –

Die Kasseler Schule der Plakatkunst, Buch- und Zeitschriftengrafik

Text
Laura Bachmann

1968 wurde Karl Oskar Blase die Ehre zuteil, das Erscheinungsbild der d4 zu gestalten, nachdem er bereits in der „Graphik"-Ausstellung der dritten documenta vertreten war. Blase gehörte neben Hans Hillmann, Isolde Monson-Baumgart, Wolfgang Schmidt, Gunter Rambow, Frieder Grindler, Gerd Lienemeyer sowie Christian Chruxin zu den wichtigsten Vertretern der Kasseler Schule der Plakatkunst, Buch- und Zeitschriftengrafik. Das Plakat zur vierten Kasseler Weltkunstausstellung besticht – wie auch sein Vorgänger von Arnold Bode – durch Klarheit und Sachlichkeit. Das DIN-Format wird von schlichten, schwarzen Linien in drei Abschnitte aufgeteilt: zwei gleich große Quadrate, in die der Buchstabe d und die Ziffer 4 in leuchtendem Blau und Rot gesetzt sind, und eine schmale Randspalte, in welcher die Veranstaltungsinformationen zu finden sind. Als Schriftart verwendete er die Helvetica.

Der 1925 in Köln geborene Grafiker Blase kam Ende der 50er Jahre als Hochschullehrer nach Kassel, wo er bis 1992 die Professur für Visuelle Kommunikation an der Kunsthochschule innehatte. Neben seiner Lehrtätigkeit und seinen Arbeiten für die documenta entwarf Blase auch zahlreiche Plakate für das Staatstheater Kassel, bei denen er den Schriftzug des Theaters immer an derselben Stelle positionierte. Der dadurch entstandene Wiedererkennungswert stieß beim damaligen Intendanten auf große Begeisterung und wurde im Sinne des Corporate Designs auch auf Programmhefte und sämtliche anderen Drucksachen des Theaters angewandt. Nach seiner Emeritierung arbeitete Karl Oskar Blase weiterhin als freier Grafiker in seinem Kasseler Atelier und prägte in dieser Zeit das kulturelle Erscheinungsbild Kassels immens.

Hohen Bekanntheitsgrad erlangte er aber schon Jahrzehnte zuvor, vor allem durch seine Plakate der Kasseler Schule. „Schule" meint hier, so Hans Hillmann, „die künstlerische Entwicklung, Studium und Lehre innerhalb der Kasseler Kunsthochschule ebenso wie die Arbeit derer, die in diesem Zeitraum aus ihr hervorgingen und das Medium in der Praxis (…) weiterentwickelt haben." Also nicht nur die Bildungseinrichtung, sondern vielmehr eine Schule im ideellen Sinn: eine geistige Bewegung, die auch außerhalb der Unterrichtsräume enormen Einfluss auf die Werbekunst ihrer Zeit nahm.

← Hans und Grete Leistikow, Titelblatt des „Neuen Frankfurt", Mai 1929

→ Hans Hillmann, Das Leben beginnt morgen (la vie commence demain), Buch und Regie: Nicole Védrès, 1954

Ihre Vertreter wurden alle – mit Ausnahme von Karl Oskar Blase, dieser studierte bei Jupp Ernst in Wuppertal – in Kassel ausgebildet und ihre Werke beeinflussten nicht nur die künstlerische Landschaft der Stadt, sondern konnten auch internationale Erfolge verbuchen. Dabei drängt sich die Frage auf, wieso sich in den 1960er Jahren ausgerechnet in Kassel ein so tonangebender Stil herausbilden konnte?

Zwei besondere Schulen in Kassel

Bevor die Werkakademie und die Werkkunstschule 1970 beide in die Gesamthochschule Kassel integriert wurden, gab es für angehende Gestalter also zwei Ausbildungsstätten in der Stadt. Den Anstoß für die Gründung der Werkakademie gab 1947 Arnold Bode (1910–1977). Der „Vater der documenta" wollte in Kassel eine Schule nach Vorbild des Staatlichen Bauhauses in Weimar und Dessau schaffen. So wurde die Werkakademie zu einem Platz für interdisziplinären Austausch zwischen den einzelnen Fachgebieten. Das Resultat war ein Unterricht, der sich durch eine harmonische Wechselbeziehung zwischen freier und angewandter Kunst auszeichnete. Dabei verzichtete man bei dem Namen Werkakademie bewusst auf die Verwendung des Begriffs Kunst, denn einer der Grundsätze der Einrichtung lautete „Kunst ist nicht lehrbar". Die Werkakademie hatte den Auftrag, eine Einrichtung zu sein, in der den Schülern Gestaltung als Handwerk vermittelt werden sollte. Um zusätzlich eine freie Entfaltung der individuellen Kreativität gewährleisten zu können, folgte man deshalb keinem starren Lehrplan, sondern ließ die Schüler im Klassenverband selbstständig Projekte zu verschiedenen Themen erarbeiten.

Bei der Gründung der Werkkunstschule im Jahr 1946 war das Verhältnis der angewandten zur freien Kunst ebenfalls ein wichtiges Thema. Direktor Jupp Ernst strebte das Ziel an, die angewandten Künste von den freien Künsten zu lösen und somit als eigenständige Disziplin zu emanzipieren. Dabei folgte die Werkkunstschule vor allem im Bereich der Grafik einer ähnlichen Programmatik wie ihre Konkurrentin, die Werkakademie, jedoch war der Lehrplan nicht ganz so frei konzipiert.

Ernsts Engagement ist es auch zuzuschreiben, dass zur d3 zusätzliche Parallel-Ausstellungen eigens für „Graphik" und „Industrial Design" gezeigt wurden, bei denen seine Schüler ihre Werke der breiten Öffentlichkeit präsentieren konnten. In den beiden Ausstellungen waren selbstverständlich auch die angehenden Gestalter der Werkakademie vertreten. Unter ihnen Hans Hillmann, ein Schüler der Grafikklasse Hans Leistikows. Wie Jupp Ernst gab auch Leistikow seine individuelle Auffassung von Kunst – geprägt in den 1920er Jahren von DeStijl und Bauhaus – an seine Schüler weiter. Die bereits vorhandene Formensprache in Gestalt von sachlicher Typografie und Fotomontage wurde daraufhin von jungen Gestaltern wie Hillmann weiterentwickelt.

Dieser sprach später äußerst positiv über seine Studienzeit bei Hans Leistikow, für den die Zusammenarbeit im Klassenverband wichtiger Bestandteil eines selbstständigen Lernprozesses war. Laut Hillmann verbrachte man so viel Zeit im Klassenzimmer, dass die Studenten dort buchstäblich lebten. Leistikow war meist in seinem eigenen Raum nebenan und trat nur von Zeit zu Zeit an die Arbeitstische seiner Klasse, um die Fortschritte der Schüler zu begutachten. War er von dem, was er sah, angetan, äußerte sich das in einem „sehr reizvoll" oder auch „appetitlich". Ansonsten war der Meister, wie er an der Werkakademie genannt wurde, eher zurückhaltend, wortkarg und machte einen sehr bescheidenen Eindruck, obwohl er einen bemerkenswerten Lebenslauf aufweisen konnte.

Hans Leistikow wurde 1892 in Elbing im heutigen Polen geboren. Nach Ende des Ersten Weltkrieges, in dem er in Frankreich als Luftschiffer diente, begann er sein Studium an der Staatlichen Akademie für Kunst und Kunstgewerbe in Breslau. Durch den dortigen Direktor, den Architekten Hans Poelzig, kam Leistikow in Kontakt mit Ernst May, der ihn 1925 nach Frankfurt holte, wo er in den folgenden fünf Jahren Das Neue Frankfurt grafisch prägte, indem er sämtliche amtlichen Druckerzeugnisse der Stadt gestaltete. Das Neue Frankfurt bezeichnet jedoch nicht nur das städtebauliche Großprojekt im Stil der Neuen Sachlichkeit, sondern ist auch der Titel eines von Ernst May herausgegebenen Magazins. Zusammen mit seiner Schwester Grete, einer ausgebildeten Fotografin, war Leistikow verantwortlich für das Erscheinungsbild der Zeitschrift. Über vier Jahre hinweg übernahmen die beiden die für diese Zeit charakteristische Titelblattgestaltung der Monatsschrift. Dabei hielten sich die Geschwister an die Richtlinien der elementaren Typografie, welche die Verwendung von grundlegenden geometrischen Formen, Flächen- und Farbkontrasten, die Bevorzugung neuer technischer Verfahren und deren Normung sowie die Verwendung von Groteskschriften oder der Futura beinhalteten. Schrift und Bild kombinierten die beiden durch das Setzen klarer Linien, wodurch die Titelseite deutlich gegliedert wurde. Diesem Stil blieb Leistikow treu, auch als er knapp 20 Jahre später seine Lehrtätigkeit in Kassel aufnahm und auf diese Weise die Arbeiten seiner Studenten prägte.

Vom Werbemittel zum modernen Kunstwerk – die Filmplakate der Kasseler Schule

Leistikow war es ein großes Anliegen möglichst viel von seiner Erfahrung an die Studenten der Werkakademie weiterzugeben und mehr Praxisnähe zu vermitteln als es manch anderer Dozent tat. Aus diesem Grund versorgte er die Schüler seiner Grafik-Klasse für die vorlesungsfreie Zeit mit echten Arbeitsaufträgen. Auch als sich der Göttinger Filmverleih Neue Filmkunst Walter Kirchner wegen der Gestaltung eines Filmplakats an Leistikow wandte, zögerte dieser nicht und gab den Auftrag unmittelbar an seine Studenten weiter. Ein klasseninterner Wettbewerb sollte zeigen, welcher der angehenden Gestalter das eindrucksvollste Plakat zu Nicole Védrès Film „Das Leben beginnt morgen" abliefern konnte. Der teils dokumentarisch, teils fiktive Film der französischen Regisseurin begleitet einen jungen Mann aus der Provinz auf seiner Reise nach Paris, wo er auf historische Berühmtheiten Frankreichs wie Jean-Paul Sartre oder Marie Curie trifft und mit ihnen über das Leben der Zukunft diskutiert.

Hans Hillmann, der in den folgenden Jahren zur „Lichtgestalt des deutschen Filmplakats" aufsteigen sollte, konnte mit seinem Plakatentwurf die Kernaussage des avantgardistischen Werkes visuell am besten einfangen:

Karl Oskar Blase, Plakat zur d4, 1968

Eine schwarze Filmrolle zeichnet auf gelbem Untergrund das Profil eines menschlichen Gesichts nach und zwei weiße Lichtkegel symbolisieren als Sprechblasen den erzählenden Charakter der Dokumentation. Auf diese Weise verbildlichte Hillmann nicht nur hervorragend den Inhalt von „Das Leben beginnt morgen", sondern auch die Verbindung von Mensch und Film im Allgemeinen. Davon war der Verleih so begeistert, dass der Entwurf zukünftig auch als Logo verwendet werden sollte.

Die Neue Filmkunst Walter Kirchner verfolgte seit ihrer Gründung 1953 das Ziel, internationale Autorenfilme in den deutschen Filmtheatern zu etablieren. Deutschland stellte in der Nachkriegszeit tatsächlich eine Kino-Wüste für Filme mit künstlerischem Wert dar. Um der Ästhetik der Filme auch auf den Plakaten gerecht werden zu können, sollten die hochwertigen Produktionen ebenfalls diesem Anspruch entsprechend beworben werden. In Kassel fand man dafür die passenden Gestalter, die einer grafischen Gegenbewegung zur herkömmlichen, kitschig-kommerziellen Plakatwerbung angehörten.

Das Plakat Hillmanns war demnach nur der Startschuss für eine sehr fruchtbare Zusammenarbeit zwischen dem Göttinger Filmverleih und den Grafikern aus Kassel. Die dort entwickelte, neuartige Methodik der Visualisierung zeichnete sich unter anderem dadurch aus, dass sich die Künstler zunächst eingehend mit dem Inhalt der Filme auseinandersetzten, um diesen – auf den Punkt gebracht – dem Publikum transportieren zu können.

Neben innovativer Typografie und experimenteller Gestaltung wurde bei der Umsetzung der Filmplakate auch häufig auf Fotografie zurückgegriffen. Dabei verwendete man jedoch keine Standfotos, sondern fotografierte die gewünschten Motive unmittelbar von der Leinwand ab. Die dabei entstandene Unschärfe sollte dem Ganzen eine ästhetische Komponente verleihen. Auf diese Weise gelang es, nicht nur den Inhalt, sondern auch zusätzlich das Medium Film kunstvoll zu vermitteln.

Auch die internationalen Filmregisseure waren von den deutschen Plakaten aus Kassel sehr angetan. So inszenierte Jean-Luc Godard, für dessen Filme Hillmann ebenfalls die Plakate gestaltete, als Hommage an Hans Hillmann in seinem Film „Zwei oder drei Dinge, die ich von ihr weiß" gleich drei Filmplakate des berühmten Kasseler Grafikers.

Nicht nur die Ehrung durch einen anerkannten Filmregisseur zeigt, dass der Bekanntheitsgrad der qualitativ sehr hochwertigen Plakate weit über die Stadt- und Landesgrenzen hinausging. Hillmann wurde auch mehrfach auf internationalen Wettbewerben ausgezeichnet, was ihn wohl nicht nur in den Augen seines Schülers Gunter Rambow zu den „wichtigsten Plakatgestaltern der Welt" zählen lässt. Nachdem die Neue Filmkunst 1975 jedoch Konkurs ging, orientierte sich Hillmann um und konzentrierte sich wieder eingehender auf die Illustration und Lehre. Unter seinen Studenten in Kassel waren unter anderem Gunter Rambow und Gerhard Lienemeyer. In dieser – nun schon dritten – Generation der Kasseler Schule, machte sich das Fehlen eines so engagierten Auftraggebers wie Walter Kirchner durchaus bemerkbar.

Dennoch wurden an der Kunsthochschule weiterhin zahlreiche Plakate mit kulturellem sowie gesellschaftspolitischem Wert angefertigt. Im Zuge der Aktion Plakatgedichte des Kasseler Kulturamts machten Rambow und Lienemeyer – hier in Zusammenarbeit mit Michael van de Sand – auf politisch brisante Themen wie die Atomrüstung aufmerksam. Die Plakate der Reihe hatten den Auftrag, literarische Texte in das alltägliche Bewusstsein der Menschen zu transportieren.

Neben ihrer Arbeit im gemeinsamen Atelier entschieden sich auch Rambow und Lienemeyer dazu, Lehraufträge anzunehmen. So wurden abermals aus Schülern Lehrer, die ihren individuellen Stil weitergeben konnten, was erheblich dazu beitrug, in Kassel eine Stilrichtung mit hohem Wiedererkennungswert beibehalten zu können. Den Grundstein hierfür hatten Hans Leistikow und Jupp Ernst gelegt, indem es ihnen schon in den späten 1940er Jahren gelang, Kunst und Handwerk auf eine sehr gewinnbringende Art und Weise zu verbinden und dies an ihre Studenten weiterzugeben. Dass diese Studenten später selbst zu Lehrenden in Kassel wurden, sorgte dafür, dass diese besondere geistige Einstellung zu Werbung und Design weiteren Generationen vermittelt wurde.

Auch wenn 2015 der Lehrstuhl für Plakatgestaltung an der Kunsthochschule geschlossen wurde, zeugt die kürzlich gezeigte Ausstellung PLAKAT.KUNST.KASSEL der Museumslandschaft Hessen Kassel (mhk) von der anhaltenden Aktualität und dem zeitlosen Stil der Kasseler Schule. Denn diese Ausstellung brachte es fertig, das Plakat von seiner Rolle als bloßes Informationsmedium für Kunst zu lösen und als eigenständiges Kunstwerk zu etablieren, und sie leistete so einen erheblichen Beitrag zur Würdigung der Werbekunst.

Mephisto in Kassel – oder: Die Zauberhandschrift der Universitätsbibliothek

Text
Stefanie Weiß

*Faust: Es möcht kein Hund so länger leben! /
Drum hab ich mich der Magie ergeben, (...)
Daß ich erkenne, was die Welt /
Im Innersten zusammenhält, (...)
Und dies geheimnisvolle Buch, /
Von Nostradamus' eigner Hand, /
Ist dir es nicht Geleit genug?*

(Er faßt das Buch und spricht das Zeichen des Geistes geheimnisvoll aus. Es zuckt eine rötliche Flamme, der Geist erscheint in der Flamme.)

*Geist: Wo bist du, Faust, des Stimme mir erklang, /
Der sich an mich mit allen Kräften drang? /
Bist du es, der, von meinem Hauch umwittert, /
In allen Lebenslagen zittert, /
Ein furchtsam weggekrümmter Wurm?*

*Faust: Soll ich dir, Flammenbildung, weichen? /
Ich bin's, bin Faust, bin deinesgleichen!*

↓ Auf der Innenseite des Buchdeckels kann man die eingeklebten Papierstreifen mit den Notizen über Annaberg sehen – und die Löcher, die ein hungriger Bücherwurm hinterlassen hat!

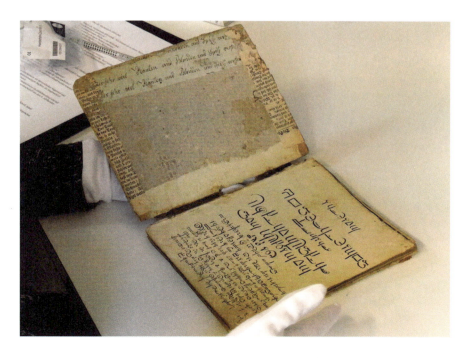

Magie, Alchemie, Zauberei! Schon seit dem späten Mittelalter, besonders aber im 18. und 19. Jahrhundert interessierten sich die Menschen brennend für diese Themen.

Trotz der Kant'schen Aufklärung und der Etablierung der modernen Wissenschaften – oder vielleicht auch als Gegenpol: Das mystische, okkulte und geheimnisumwobene Wissen der Geheimbünde und Verschwörungstheoretiker von Nostradamus bis zu den Freimaurern faszinierte die Bevölkerung und beflügelte die Künstler der Zeit: düstere Schauergeschichten von Edgar Allen Poe, Mozarts Zauberflöte und nicht zuletzt Goethes Faust. Inspiriert wurde Goethe zu der Tragödie, die sein Lebenswerk werden sollte, übrigens während seiner Leipziger Studentenzeit, in der er häufig Gast im berühmt-berüchtigten Auerbach-Keller war, dem Schauplatz der historischen Faustsage. Zumindest so lange, bis Goethe aus Eifersucht einen Streit anzettelte, der ihm lebenslanges Hausverbot im Keller einbrachte.

Leipzig ist auch heute noch eine nicht unbedeutende Adresse, was Mysteriöses angeht. Abgesehen vom jährlich stattfindenden Wave-Gotik-Treffen beherbergt die Universitätsbibliothek Leipzig eine große Sammlung von Zauberhandschriften, deren Inhalt stark an Goethes berühmte Studierzimmerszene erinnern: Geisterbeschwörungen, Liebeszauber und alchemistische Formeln, um minderwertige Metalle wie Blei in Gold zu verwandeln.

Aus Sachsen stammt wohl auch eine Handschrift der Kasseler Universitätsbibliothek, die im letzten Jahr für Furore sorgte. Die sogenannte Zauberhandschrift wurde einem Sammler abgekauft, der nicht wusste, was er mit dem sonderbaren Büchlein anfangen sollte, der aber ahnte, dass sich hinter den orientalisch anmutenden Schriftzeichen eine Sensation verbergen könnte. Dass es sich nicht um arabische Texte handelte, war Dr. Brigitte Pfeil, der Leiterin der Handschriftenabteilung, und ihrer Kollegin Sabina Lüdemann, einer studierten Arabistin, schnell klar. Aufgrund der Pentagramme und alchemistischen Symbole vermuteten sie zunächst, dass das Buch in das Umfeld der Freimaurer oder Rosenkreuzer gehören könnte, was sich aber nicht bestätigte. Auf einer Zugfahrt hatte Lüdemann schließlich den entscheidenden Einfall: „Das muss deutsch sein, bloß mit Buchstaben, die irgendwie verdreht sind!" Nachdem der Dreh erstmal raus war, ging die Entschlüsselung schnell voran. „Das war ja auch ganz lustig", beschreibt Pfeil die Arbeit an der Transkription. Leider wurde ihr Wunsch nicht erfüllt, durch die Decodierung etwas über die Entstehung der Handschrift zu erfahren: „Wir hatten ja auch bis zum Ende gehofft, dass irgendwo zwischendrin oder am Schluss der Autor was über sich sagt. Kam aber nicht – schade..."

Dafür gibt es allerdings den ein oder anderen Hinweis auf die Herkunft. So verweist beispielsweise das Wasserzeichen des Papiers auf eine Papiermühle in Sachsen. Außerdem sind die Ränder des stark geschädigten Einbands mit Papierstreifen verstärkt, auf denen sich – wohl als Schreibübung – eine Art Besitzeintrag wiederholt: „Annaberg, eine Stadt in Erzgebirge. Es werden hier sehr viel Kanten und Blonden und Spitz verfertigt (...) Wilhelmine Beilicken Schönefeld (...) 1814". Das beweist zwar nicht, dass die Handschrift in Annaberg entstanden ist, legt aber nahe, dass sie sich Anfang des 19. Jahrhunderts in dieser Gegend befunden hat und zumindest der Einband dort repariert wurde. Das ist insofern spannend, da das erzgebirgische Städtchen Annaberg lange Zeit als Hochburg des Silberbergbaus galt. Pfeil zufolge liegt hier auch das Hauptanliegen des Textes: „Letztlich geht's ums Suchen und Finden von Schätzen, die in der Erde verborgen sind, von Gold, Silber etcetera. Sie lernen erstmal ganz viel über Geister, wer für was zuständig ist und wie man sie herbeiruft. Ansonsten kriegen Sie genau erklärt, wie sie Amulette machen oder Zauberprozeduren abhalten." Und nicht zu vergessen: der obligatorische Liebeszauber!

Aber auch wenn die Handschrift und vor allem die Art der Verschlüsselung ein Unikat ist, so reiht sie sich doch thematisch in eine

→ Die linke Buchseite zeigt ein Kreuz mit den Inschriften: „Des Weibes Same | sol der Schlangen den Kopf" (oberer Balken) und weiter: „Tas Blut Iesu | Christi des Sohn" (unterer Balken). Darunter befindet sich ein Hexagramm das von den Namen mehrerer Erzengel und Evangelisten umringt wird: „Iohannes + Gabriel + Matheus + Uriel + Raphael". In den Zacken des Hexagramms steht: „Teltralgralmaltolna", vier Zeichen also, die den hebräischen Namen Gottes symbolisieren (JHWH). In der Mitte folgen weitere alttestamentarische Gottesnamen: „Ieholfa, Zelbaotl, Adonai". Auf der rechten Buchseite sieht man das Symbol des Geistes Mephistopheles.

Fülle von Zauberbüchern ein, in denen auf ähnliche Weise Zaubersprüche und Laienzauber aus unterschiedlichen Quellen zusammengetragen wurden. Auch in der Kasseler Zauberhandschrift sind „Versatzstücke aus Höllenzaubern und solchen Dingen drin, die man aus Faustbüchern durchaus kennt."

Mittlerweile haben die beiden Wissenschaftlerinnen die Handschrift vollständig transkribiert und den entschlüsselten Text über den Hochschulschriftenserver KOBRA der Universität zur Verfügung gestellt.
→ https://kurzelinks.de/z27n

Ein Digitalisat der Originalzauberhandschrift ist außerdem im Onlinearchiv ORKA der Universität Kassel weltweit kostenfrei zugänglich:
→ http://kurzelinks.de/sab7

Interview
Sarah-Christin König
Florian Greßhake

Die Kunst*hoch*schule

Wenn man nach kulturellen Besonderheiten der Stadt Kassel fragt, hat die Antwort meist etwas mit der Kunsthochschule zu tun. Wir hatten die Gelegenheit, mit zwei Meisterschülerinnen – also richtigen Insidern – über ihr Studium und ihre Arbeit an der Kunsthochschule Kassel zu sprechen.

Kassel

FLORIAN GRESSHAKE Was zeichnet die Kunsthochschule in Kassel besonders aus? Worin unterscheidet sie sich von anderen Kunsthochschulen?

BRITTA WAGEMANN Vielleicht im erzieherischen Aspekt. Der Studiengang Visuelle Kommunikation ist nicht modularisiert. Wir studieren fünf Jahre und machen dann einen künstlerischen Abschluss, der international als Master anerkannt wird. Das heißt aber nicht, dass wir Credits sammeln müssen. Wir müssen zwar Theoriescheine liefern, aber das Ziel des Studiums ist, eigeninitiativ zu arbeiten. Man macht so viel oder so wenig, wie man sich selbst zumuten möchte. Dementsprechend gibt es hier eine sehr gute Vorbereitung auf eine eventuelle Selbstständigkeit. Im ersten Orientierungsjahr lernen alle Studierenden der Visuellen Kommunikation die verschiedenen Angebote und Disziplinen des Fachbereiches kennen und können daraufhin ihre Schwerpunkte setzen. Durch die gemeinsame Zeit in der Basisklasse sind die Studierenden auch nachhaltig sehr gut untereinander vernetzt.

MILENA ALBIEZ Es läuft auf Eigeninitiative hinaus und auf eine Freiheit, mit der man erst einmal zu kämpfen hat. Man kennt das eigenverantwortliche Lernen aus der Schule nicht und hier gibt es keinen Stundenplan – du musst selbst schwimmen lernen. Und das hat für mich super gepasst, weil ich mit dieser Freiheit sehr gut umzugehen gelernt habe.

Es ist auch eine kleine Hochschule und daher kennt man eigentlich fast jeden. Das ist schön, weil die studentischen Initiativen, die es hier gibt, sehr interdisziplinär funktionieren. Es gibt zum Beispiel Kooperationen mit Leuten aus der Informatik oder der Soziologie. So entsteht auf jeden Fall auf privater Ebene ein Netzwerk.

SARAH-CHRISTIN KÖNIG Gibt es auch zwischen der Kunsthochschule und der Stadt Kassel Austausch oder Wechselwirkung? Oder beeinflusst die Stadt – sowohl als Institution als auch vom Stadtbild her – Eure Arbeit?

BW Nicht sonderlich. Die Gestaltung in öffentlichen Räumen hier in Kassel ist größtenteils grauenhaft. Bemerkenswert ist aber eine Veränderung des Flairs, die die kreativen Abgänger in der kulturellen Szene Kassels schaffen. Wir brauchen Leute, die bleiben, um mitzugestalten, die sich eigene Räume schaffen, um auszustellen, junge Produkte anzubieten und sich zu verwirklichen. Das passiert hier in Kassel immer öfter.

MA Das hat die Kunsthochschule Kassel mit der Stadt Kassel gemeinsam: Es gibt Raum, billigen Raum, den man nutzen kann und deshalb entstehen viele Eigeninitiativen.

→ Milena Albiez studierte Neue Medien und Redaktionelles Gestalten. Britta Wagemann studierte Redaktionelles Gestalten und Grafik Design. Beide sind seit 2016 Meisterschülerinnen an der Kunsthochschule Kassel.

Ich mag, dass es Räume gibt, Offspaces wie Tokonoma oder das Stellwerk, die von der Stadt subventioniert werden. Man muss es der Stadt oft auf dem Servierteller präsentieren, dann ist es allerdings relativ einfach, Unterstützung zu bekommen.

BW Es liegt daran, dass die Stadt als Institution einfach ganz anders denkt als wir. Damit werden wir immer wieder konfrontiert: „Was macht ihr eigentlich? DesignerInnen? Ist es Werbung? Ist es Kunst? Was ist es eigentlich?" Wir können dann zwar sagen, was es nicht ist: Es ist keine Werbung und es ist auch keine Kunst. Aber ganz oft können wir nicht genau spezifizieren, was es ist, weil wir an den Schnittstellen arbeiten. Deswegen ist es für eine Institution, die sehr systematisch arbeitet, nicht immer leicht zu verstehen, was wir machen und wie sie uns fördern könnten. Das Kulturamt beispielsweise bemüht sich, Leute wie uns in Kassel zu halten. Aber Kassel ist natürlich immer noch kein Berlin.

Was macht ihr eigentlich? DesignerInnen? Ist es Werbung? Ist es Kunst? Was ist es eigentlich?

MA Wobei ich ganz ehrlich sagen muss, ich mag Kassel gerne. Das ist so normal und versucht nicht zu sein, was es nicht ist. Die Leute sind so, wie sie sind. Sie sind nicht unfreundlich. Sie sind nicht übertrieben. Kassel ist unheimlich vielfältig. Es gibt einfach so viele unterschiedliche Menschen in dieser Stadt und es gibt vor allem auch Platz für all diese unterschiedlichen Menschen. Es gibt immer irgendwas, was man machen kann, Leute, mit denen man sich unterhalten kann. Es gibt ganz viel Material!

SK Was sind die Gründe, warum Ihr zum Studieren nach Kassel gekommen seid?

BW Eine Freundin, die hier studierte, erzählte mir, wie toll es sei, an der Kunsthochschule zu studieren. Ich habe mich anfangs für Bildende Kunst interessiert und fand dann Visuelle Kommunikation doch systematischer und geradliniger. Deswegen habe ich erstmal ein Gasthörerjahr gemacht – und mich verliebt! Ich wollte hierbleiben.

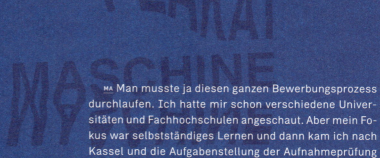

MA Man musste ja diesen ganzen Bewerbungsprozess durchlaufen. Ich hatte mir schon verschiedene Universitäten und Fachhochschulen angeschaut. Aber mein Fokus war selbstständiges Lernen und dann kam ich nach Kassel und die Aufgabenstellung der Aufnahmeprüfung zu dieser Zeit war: „Du hast vier Stunden Zeit, mach etwas zu Thema XY!" Das fand ich cool, damit konnte ich was anfangen und das machen, was ich wollte und nicht irgendwelche Fragebögen beantworten, was denn meine Lieblingsschrift sei …

FG Wir haben jetzt zwar keinen Fragebogen dabei, aber wo wir eben bei Schrift waren: Was ist die Besonderheit der typografischen Ausbildung hier?

BW Wir lernen nicht das klassische Setzen und Bauen von Typografien, wie es vielleicht an anderen Hochschulen gelehrt wird. Schriftbilder haben in verschiedenen Zeiten immer eine andere Ästhetik. Es gab Zeiten, in denen wurde Schrift als Mittel zum Zweck, als reiner Informationsträger genutzt und jetzt, und gerade hier bei der Plakatmaschine zum Beispiel, benutzen wir Schrift auch als Bild. Es gibt also einen sehr experimentellen Umgang mit Typografie. Man kann ausprobieren, aber man darf trotzdem nicht das Eigentliche dahinter vergessen, dass es um Inhalte geht, die trotzdem als Bild zu verstehen sein können – deswegen heißt die Klasse unserer Professorin Gabriele Götz auch „Redaktionelles Gestalten". In diesem Sinne ist es keine klassische Ausbildung. Man kann zwar auch Typografie im Bleisatz setzen und es ist gut, wenn jeder mal eine Typo gebaut hat, um ein Empfinden dafür zu bekommen, was der Computer eigentlich als Selbstverständlichkeit vorgibt. Aber der Umgang mit Typografie hier an der Kunsthochschule ist überhaupt nicht ernst oder verkrampft.

MA Da einem keiner vorschreibt, was man tun soll, muss man sich das selbst erarbeiten, auch wie man mit Typografie und den Programmen umgeht. Hier ist keiner, der sagt: „Montag 10 bis 17 Uhr ist InDesign Modul 1." Das gibt es hier in dieser Form nicht, man muss dazu in die Werkstätten gehen. Jetzt zum Beispiel haben wir beide organisiert, dass es in der Typografie-Werkstatt einen Kurs zu automatisierten Prozessen in InDesign gibt. Man muss es sich selbst suchen und ich glaube, dadurch ist es nicht so verschult und man erarbeitet einen eigenen Standpunkt. Auf meinem Schreibtisch liegt auch die „Detailtypografie", aber es sind Regeln, die man benutzen kann, aber nicht befolgen muss. Vor allem, weil wir in Klassenverbänden studieren, lernt man viel von dieser Kommunikation untereinander. Das ist ein ganz anderes Lernen, wenn alle in einem Arbeitsraum zusammensitzen.

Demokratisierung des Designs: der Plakatgenerator als radikale Antwort auf die Frage, was Design in der Zukunft bedeuten wird.

SK Was interessiert Euch denn überhaupt an Typografie? Oder ist es für Euch nur eine handwerkliche Basis?

MA Für mich ist es eine Art Werkzeug oder ein Spielobjekt. Ich finde, Typografie ist ein Kommunikationsmittel, ein Vermittler, der Sprache transportiert und nicht einfach dazu da ist, schön auszusehen, sondern auch, um Inhalt weiterzugeben.

BW Diese Erkenntnis „Was kann Typografie eigentlich?" kam mir, nachdem ich verstanden habe, was Typografie eigentlich ist. Klar, man schreibt, man tippt, aber dabei bleibt man immer auf Distanz und die muss erst einmal gebrochen werden, um damit spielen zu können. Man muss ein Gefühl für das Ganze entwickeln.

SK Was ist Euer aktuelles Projekt und Euer Schwerpunkt letztlich?

BW Wir machen gerade ein Gruppen-Projekt für die Examensausstellung. Alle Examensstudierenden und MeisterschülerInnen werden dort ausstellen und es gibt natürlich auch einen Katalog, Flyer, Plakate und Banner. Ansonsten können wir euch noch unser Abschluss-Projekt vorstellen: die Plakatmaschine – ein digitaler Online Plakatgenerator.

MA Wir haben den Online Plakatgenerator entwickelt, weil wir uns gefragt haben, wie Entwicklung in unserer Arbeitswelt passiert. Es gibt mittlerweile Programme, die automatisch freistellen und da kam die Frage auf, was das für unseren Beruf als Grafikdesignerinnen bedeutet, wenn Maschinen schon einiges von dem, was wir machen, übernehmen können. So bauten wir also unsere eigene Plakatmaschine. Danach haben wir das einen Monat lang getestet und die Maschine hat in dieser Zeit 5.632 Plakate generiert. Man gibt einfach über eine Kommunikationsoberfläche seinen Namen und Kontaktdaten ein, aber auch welches Format, welchen Anschnitt, welche Schnittmarken man möchte. Dann kann man sich noch zwei Farben auswählen und Hashtags eingeben, wie zum Beispiel #bauhaus, #futura, #helvetica und dann fängt die Maschine an, das zu generieren. Es ist ein bisschen kompliziert, deshalb verkürze ich das jetzt: Die Maschine sucht zunächst aufgrund dieser Hashtags Bildmaterial. Das funktioniert mit einem Webcrawler, der sich durch's Web sucht und alles sammelt, was mit diesen Hashtags getagged ist und daraus Cluster erstellt, in denen ähnliche Formen und Farben zusammen sortiert werden. Dann wiederum kommt das Ganze in automatisierte InDesign-Dateien und dadurch kommt ein Plakat zustande. Ergänzend dazu haben wir noch ein Buch gemacht, das sich mit dieser Fragestellung auseinandersetzt: Was bedeutet die Arbeit des Designs in der Zukunft?

BW Es geht um die Frage der Ersetzbarkeit. Müssen wir uns fürchten oder müssen wir uns neue Nischen suchen? Alle haben gefragt: „Hey! Macht ihr euch damit nicht selbst arbeitslos?" „Na klar!" Automatisiertes Design wird immer besser und wenn WIR keinen Designgenerator mit einem neuronalen Netzwerk bauen, dann tut es ein an-

↑ „The next big thing is not a thing" – das Buch zur Plakatmaschine.

derer. Dann sind wir doch lieber die Ersten und haben so mehr Zeit, um uns neu zu orientieren. Also was braucht die Gesellschaft? Wo können wir unsere Fähigkeiten in der Kommunikation einsetzen, um Brücken schlagen zu können?

FG **Also würdet Ihr schon sagen, dass dem Design eine Demokratisierung bevorsteht – verbunden mit einer Entwertung?**

BW Genau das war unser Ziel, Demokratisierung einzuführen. Zum Beispiel lief der Bezahlmechanismus unseres Plakatgenerators über eine Spende oder einfach nur durch Teilen auf den sozialen Plattformen wie Twitter und Facebook. Deswegen konnte es sich auch jeder leisten, ein Plakat zu bestellen.

MA Und immer diese Problematik, dass die Leute nicht wissen, was Design ist und es deswegen erst zugänglich gemacht und demokratisiert werden muss. Das ist in diesem Fall überhaupt nichts Schlechtes, sondern bedeutet Fortschritt. Bestes Beispiel sind opensource-Plattformen für InformatikerInnen. Man muss nicht immer wieder bei null anfangen, sondern man kann den content der anderen Leute einbringen, weiterverwerten und darauf aufbauen.

BW Deswegen glauben wir, dass durch diese Demokratisierung eben keine Entwertung stattfindet, sondern sich ein Bewusstsein öffnet, für das, was wir machen.

SK **Wenn Ihr Euch jetzt mit der Zukunft der Gestaltung beschäftigt habt: Wo seht Ihr Euch denn selbst in der Zukunft – beruflich gesehen? Hier in Kassel?**

BW Bei unserem selbstständigen Konzept, das wir auch schon ausgearbeitet haben; auch mit Leuten zusammen, die schon mehr Erfahrung haben und gar nicht unbedingt aus unserer Branche kommen. Wir wollen uns als Designerinnen aufstellen, aber es geht auch um Konzeptdesign und Vermittlungsarbeit. Ich persönlich arbeite sehr gerne als Gestalterin, designe gerne verschiedene Medien wie Kataloge, Plakate und Bücher. Wir haben auch viele Workshops gegeben und da passiert einfach unheimlich viel. Nicht nur bei jungen Studierenden, die hier in die Kunsthochschule kommen. Ich kann mir auch vorstellen, dass wir in eine Firma gehen, die vielleicht ein bisschen eingerostet ist. Da kann man dann die ein oder andere Kreativitätstheorie, die wir untersucht haben, springen lassen oder in einen Workshop packen. Und auf einmal sind die Leute begeistert, haben wieder Energie und sind motiviert. Sowas finden wir spannend!

MA Genau, also in die Richtung creative thinking oder design thinking. Das ist nahe an dem, was ich jetzt auch studieren werde. Ich werde mich als Supervisorin, Coach und Organisationsberaterin professionell ausbilden lassen, hier an der Universität in Kassel. Ich bin dann Designerin und dazu kommt noch die Vermittlungsarbeit. Das ist eine Schnittstelle, die ganz gut passt.

BW Außerdem würden wir gerne nicht nur als Duo arbeiten, sondern als eine Art adaptives Designbüro, zusammen mit verschiedenen Leuten. Alleine macht es auch einfach nicht so viel Spaß!

SK **Unsere letzte Frage: Habt Ihr ein typografisches Highlight in der Stadt?**

BW An der belebtesten Straße der Südstadt hat jemand mit einem Lichtschlauch riesig fett „Jesus" an seinen Balkon geschrieben. Wenn es also dunkel wird, erscheint „Jesus" in der Frankfurter Straße. Sogar in ordentlicher Schreibschrift.

MA Es gibt am Hauptbahnhof das Haus der Wirtschaft. Eines Abends bin ich aus diesem Hauptbahnhof hinaus spaziert und das H des beleuchteten Schriftzugs war ausgefallen. Das war wunderschön: „aus der Wirtschaft"!

Kunterbuntes aus der Plakatmaschine: Plakate für die Ausstellung der AbsolventInnen und MeisterschülerInnen der Kunsthochschule Kassel.

Tod eines Schriftgestalters

Text
Theresa Haunberger
Jasmin Jonietz

Eine typografische Grenzerfahrung im Museum
für Sepulkralkultur

Was hat Schrift mit Tod zu tun? Eine Menge, wenn Sie mich fragen. Lange nach unserem Ableben, wenn alle Menschen, die uns jemals kannten, längst verstorben sind, zeugen zumindest unsere „personalisierten" Grabsteine noch von unserer früheren Existenz. Ist es da nicht verwunderlich, dass wir uns im Hier und Jetzt wenige Gedanken darüber machen, wie unser Name, unsere Lebensdaten und die letzten guten Wünsche, die uns „auf den Weg" gegeben werden, gestalterisch umgesetzt sind? Nicht wirklich, meint Gerold Eppler vom Museum für Sepulkralkultur in Kassel. Beim Tod handelt es sich um ein unangenehmes Thema, mit dem wir uns nur ungern auseinandersetzen – und das, obwohl wir ja alle vor dem gleichen unlösbaren Problem stehen: unserer Sterblichkeit! Als verwöhnte westliche Industrienation „leiden" wir an einem Erfahrungsdefizit, was das Sterben angeht und an allem, was damit zusammenhängt. Daher positionieren wir uns nur selten frühzeitig gegenüber den unausweichlichen Gegebenheiten, die unser Ableben faktisch mit sich bringen – wie eben zum Beispiel mit der typografischen Gestaltung unseres Grabsteins.
    Erstellten Steinmetze noch vor einigen Jahrzehnten Grabbeschriftungen ganz penibel per Hand, so wird heutzutage deutlich stärker auf die Technik gesetzt. Der Kunde hat die Qual der Wahl bei den gängigen Computerschriften, die dann in den Grabstein gestrahlt werden. Dass sich allerdings nicht jede Schrift für diesen Verwendungszusammenhang eignet, wird meist erst festgestellt, wenn es zu spät ist. Um ein Bewusstsein für die Problematik der typografischen Grabsteingestaltung zu schaffen, haben wir uns einige kultur- und zeithistorische Zeugnisse der Friedhofskultur im Museum für Sepulkralkultur genauer angesehen.

Vergleicht man verschiedene Grabmäler der letzten Jahrhunderte, wird schnell deutlich, wie stark sich die Denkmalplastik im Laufe der Zeit verändert hat. War sie beispielsweise im 18. Jahrhundert pompös, mit künstlerisch in Handarbeit gemeißelten Schriften und Säulenelementen, ist sie im 21. Jahrhundert hingegen kaum individualisiert. Gleicher Stein, gleiche Schriftart, gleiche Inschrift: Das Denkmal bekommt den Charakter eines Massenprodukts. Doch woran liegt es, dass sich die Grabmalgestaltung über die Jahre so stark gewandelt und deutlich vereinheitlicht hat?
    Als Hauptursache dafür sieht Gerold Eppler unser verändertes Verhältnis zum Tod selbst und somit auch die veränderte Form unseres Totengedenkens. Während im Mittelalter der Tod als vertrautes Mitglied in das Gesellschaftsleben integriert war, wurde allmählich immer mehr Distanz zu ihm aufgebaut. Heute kann man sogar von einer Verdrängung der Themen Tod und Sterben sprechen.
    Der damals im Mittelpunkt stehende eigene Tod verlor zu Beginn des 19. Jahrhunderts immer mehr an Bedeutung und das eigene Grabmal wurde kaum mehr bedacht. Vielmehr fokussierte man sich auf die Trauer um Verstorbene, wodurch sich das Totengedenken in zwei Formen differenzierte: in einen öffentlichen und privaten Erinnerungskult. Durch die zunehmende Entwicklung hin zur Privatisierung der Trauer, verlor der öffentliche Erinnerungskult – und somit nicht zuletzt auch das Grabmal – an Bedeutung.
    Die gewachsene Distanz zum Tod zeigt sich auch an der Mentalität der Künstler. Obwohl die Denkmalplastik bei manchen sogar einen Teil der Ausbildung darstellte, wollen Künstler wie Joseph Beuys, laut Eppler, mit den von ihnen gestalteten Grabmälern und der gesamten Kunstform selbst nicht mehr in Verbindung gebracht werden. Beuys bezeichnete Grabmäler als „impotente Gebilde".
    Während die Gestaltung des Grabmals heute ganz leicht mit einem Computer entworfen werden kann, war damals insbesondere die Fertigung der Inschrift feinste Handarbeit. Grabschriften wurden in Kleinstarbeit per Hand gezeichnet – je nach Balkenstärke mit Pinsel oder Balsaholzstäbchen – immer unter Einhaltung eines 30-Grad-Winkels. Teilweise wurden sie mit Symbolen oder Serifen ausgeschmückt. Anschließend galt es, die richtige Tiefe in den Stein zu meißeln, ohne sich dabei Fehler erlauben zu können. Bereits das kleinste Abplatzen wird sofort deutlich sichtbar und ist nur schwer auszugleichen. Durch ihre starke Aussage-

← Der Sensenmann als liebevolles, winzig ausgearbeitetes Detail: Augenmaß, ästhetisches Verständnis, handwerkliches Können und Erfahrung lassen einen Grabstein seiner Aufgabe entsprechend perfekt werden: der letzte Schriftzug in unserem Leben.

← Hier wird keine Rücksicht mehr auf die Wörter genommen, sondern der Künstler trennt einfach entsprechend des Platzes, der zur Verfügung steht. Es geht nicht darum, dass diese Schrift leicht lesbar ist, sondern sie ist ein eigenständiges gestalterisches Merkmal des Grabmals. Das Licht- und Schattenspiel, das die Buchstaben erst zu ihrer vollen Geltung kommen lässt, wird durch das gewählte Material Anröchter Stein begünstigt – sehr dicht in seiner Struktur zeichnet es gut aus.

→ Ein künstlerisches Beispiel für individuelle Grabmalgestaltung: ein Werk des Steinmetz- und Bildhauermeisters Fritz Meyer aus dem 20. Jahrhundert. Die Schrift wurde gleichmäßig auf die gesamte Fläche verteilt aufgemalt. Die Art und Weise, wie die Buchstaben schließlich ausgehauen sind, ist perfekt. An den gekonnten Vertiefungen beziehungsweise den zart und geschmeidig ausgearbeiteten Serifen erkennt man die Virtuosität des Handwerkers.

← Die runde Oberfläche dieser steinernen Schmuckurne stellt eine besondere Herausforderung für den Bildhauer dar.

kraft und Detailliertheit galt die Inschrift des Grabmals als eigenständiges gestalterisches Merkmal des Gedenksteines.

Mit Beginn der Industrialisierung jedoch ging dieses Handwerk langsam verloren. Die harten Granitsteine konnten plötzlich von Maschinen bearbeitet werden und das Grabmal wurde zum Massenprodukt. Ehemals teure Naturstein-Grabmäler wurden folglich auch für Menschen mit niedrigem Einkommen erschwinglich. Die Bildhauerei begann, andere Wege einzuschlagen, und die Kunst der Denkmalplastik ging langsam aber sicher verloren.

Obwohl Computerprogramme nahezu grenzenlose Gestaltungsmöglichkeiten bieten, endet das Grabmal heute, so Eppler, genau dadurch meist in einer visuellen Katastrophe. Den Zuständigen fehle das Gespür, welches Schriftbild und welche Buchstaben sich für die Denkmalplastik wirklich eignen, zumal sie selbst meist keine Ausbildung in diesem Bereich absolvierten.

Eigentlich schade, denn wer würde nicht gerne sein Grabmal als kunstvolle Erinnerung an die wirkliche Persönlichkeit und Individualität hinterlassen? Eine Rückorientierung an die kreative Denkmalplastik sieht Gerold Eppler jedoch, wie die Kunst im öffentlichen Raum generell, als problematisch. Kreativ gestaltete Grabmäler, die im Zuge eines Projektes des Museums gefertigt wurden, empfand so mancher als störend und sie wurden dementsprechend schnell zerstört. Seiner Meinung nach würden Laien die Grabmalgestaltung als Kunstform heute nicht mehr verstehen. Der Blick für die Kunst ging leider verloren.

Gerade in Kassel allerdings lässt sich ein Versuch betrachten, die Kunst der Grabmalgestaltung zu erhalten: Ein Spaziergang durch die Künstlernekropole, einem Friedhof im Habichtswald, wirkt augenöffnend – und zugegeben manchmal etwas verschroben und sogar gruselig –, wenn es um die individuelle und künstlerische Annäherung zum Thema Tod und Begräbnis geht. Zehn Künstler, darunter Harry Kramer, Karl Oskar Blase und Timm Ulrichs, wurde die Möglichkeit gegeben, sich hier noch zu Lebzeiten ihre Ruhestätte selbst zu gestalten. Dabei genossen die Künstler große Gestaltungsfreiheit, was Ausdehnung, Idee und Umsetzung betraf. Die Grabmäler könnten ungewöhnlicher und individueller kaum sein. RIP.

Vom 10. Juni bis 17. September 2017 ist übrigens die documenta 14 zu Gast im Museum für Sepulkralkultur!

Museum für Sepulkralkultur
Weinbergstraße 25–27
34117 Kassel
Deutschland

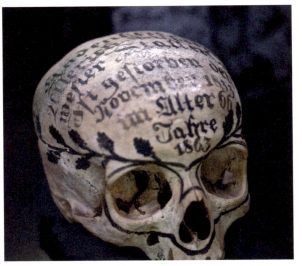

↑ Was auf den ersten Blick makaber erscheint, hatte ganz praktische Gründe. Wurden die Gräber knapp, mussten die Gebeine früher Verstorbener in ein sogenanntes Beinhaus „umziehen"; durch die Bemalung der Schädel wurde die Identität der Toten trotzdem bewahrt.

↓ Im Jahre 2001 gestaltete der Grafiker Karl Oskar Blase sein eigenes Grabmal und gab ihm die Form eines riesigen, auf einer Stele platzierten Auges. 2006 wurde dort bereits seine Ehefrau bestattet.

→ Das liebevoll gestaltete Grabmal erinnert mit feinster Handschrift und detailreichen Verzierungen an einen geliebten Menschen.

→ Ein Anblick, der im Gedächtnis bleibt: aufwändig gestaltete Särge in verschiedenen Größen wurden kunstvoll übereinander gestapelt. Besonders die altertümliche Verzierung mit Motiven aus dem 18. Jahrhundert geben ihnen heute ihren unheimlichen Charakter.

← Das Grabmal von Timm Ulrichs bezeichnet ein bronzener Negativabdruck seines eigenen Körpers, der mit dem Kopf nach unten in den Waldboden eingelassen wurde. Sichtbar bleiben nur die Fußsohlen unter einer Glasplatte.

STEFANIE WEISS **Wer bist Du und was machst Du?**

MIRIAM AUST Ich bin Designerin und arbeite mit meinem Partner Sebastian Amelung im gemeinsamen Studio „Aust & Amelung". Wir entwickeln Möbel und Interieur Konzepte.

SW **Bist Du Kasseler, Kasselaner oder Kasseläner?**

MA Ich bin Kasselerin.

SW **Wie bist Du dazu gekommen und was treibt Dich dabei an?**

MA Es war keine richtige Entscheidung für einen Weg. Ich bin immer meinen Interessen gefolgt, die alle etwas mit Gestaltung zu tun hatten. Erst durch das Studium habe ich mich entschlossen, als Produkt- und Möbeldesignerin zu arbeiten.

Was uns bei der Arbeit antreibt, ist, unsere gemeinsame gestalterische Sprache weiter zu formulieren, indem wir Dingen eine Gestalt geben.

SW **Unser Label unterscheidet sich von anderen in der Stadt, weil ...**

MA Weil unser Studio sowohl hier in Kassel Raumkonzepte mit einem regionalen Netzwerk von Werkstätten realisiert, als auch Möbelentwürfe für internationale Hersteller entwickelt. Davon gibt es hier in Kassel nicht viele. Wir arbeiten in einer Atelier- und Werkstattgemeinschaft aus sieben Parteien. Gemeinsam haben wir eine große Halle mit Atelierräumen angemietet. Dadurch genießen wir einen wertvollen Austausch und haben ganz andere Arbeitsmöglichkeiten, als wir sie in einem Büro hätten. Vor allem können wir hier durch den Zugang zu Maschinen Entwürfe im Material erproben und bei uns direkt die Prototypen bauen.

SW **Darum sollte man uns kennen ...**

MA Am bekanntesten ist wohl unsere Hängeleuchte „like paper". Sie ist aus Beton, sehr dünnwandig und sieht aus, als wäre sie aus Papier.

Mein Kassel 3

| Aust & Amelung |

design studio

Miriam Aust
Sebastian Amelung
Philippistraße 23
34127 Kassel
www.aust-amelung.com

Interview
Stefanie Weiß

Möglich wird diese Irritation durch einen Beton, der in Kassel an der Universität entwickelt wurde. Das war unser erstes gemeinsames Projekt. Es wurde mehrfach ausgezeichnet und hat maßgeblich dazu beigetragen, unser Studio bekannt zu machen. Hier in Kassel lässt sich die Leuchte zum Beispiel bei einem Restaurantbesuch im Voit anschauen.

sw **Warum sollte man nach Kassel kommen?**

MA Wegen der schönen Kassler Berge. Und alle fünf Jahre zur documenta.

sw **Und wie sieht ein perfekter Tag in der Stadt aus, wenn man nur 24 Stunden hat?**

MA Am Morgen durch die alte Markthalle schlendern, sich zum Mittag bei Ali (Ägypter in der Lassallestraße) mit einem leckeren Essen stärken, um dann hinter den Herkules ins „Hohe Gras" zum Wandern zu fahren. Ein schöner Ort am Nachmittag ist auch das Kollektivcafé Kurbad direkt an der Fulda. Abends lohnt es sich zu schauen, was bei Tokonoma los ist. Das ist eine Plattform für junge Kunst und Clubkultur, die Vorträge, Filmprogramme, Ausstellungen und Clubnächte organisiert.

sw **Welcher Ort ist in Kassel in gestalterischer/typografischer Hinsicht am inspirierendsten?**

MA Die Kunsthalle Fridericianum ist so ein Ort. Allerdings finde ich selber viel mehr Raum für Ideen und neue Gedanken, wenn ich raus fahre aus Kassel, in die Natur. Eines meiner Lieblingsziele ist zum Beispiel der Dörnberg. Das Tolle an Kassel ist, dass man nicht weit aus der Stadt fahren muss, um zum Beispiel im Habichtswald spazieren zu gehen.

sw **Was braucht man, um in Kassel zu überleben?**

MA Das, was man an jedem Ort zum Überleben braucht: gute Freunde.

sw **Zum Abschluss: Wo gibt es die beste Ahle Wurscht?**

MA Ich denke, im Fleischereigeschäft Burkhardt. Das habe ich schon öfter gehört. Allerdings bevorzuge ich Gemüse und bin sicher nicht die verlässlichste Ansprechpartnerin für diese Frage.

Kassel Airport —
vom Suchen und Finden des richtigen

Text
Johannes Sturm

↑ Der Eingang zum Kassel Airport begrüßt seine Gäste nicht bunt, aber in abwechslungsreicher Monochromie.

Wer kennt es nicht – das Gefühl, sich in einer neuen, unbekannten Umgebung zurechtfinden zu müssen. Das Suchen nach Schildern und markanten Bezugspunkten kann dabei mitunter den letzten Nerv kosten. Es sind in besonderem Maße Transitorte wie Bahnhöfe und Flughäfen, durch die ein erster Blick auf die neue Umgebung, das neue Land, die neue Stadt geworfen wird. Das Gefühl, sich mit einem schweren Koffer durch einen Schilderwald arbeiten zu müssen, besonders unter Zeitdruck, zählt wohl zu den unerfreulichsten Seiten des Reisens – und hat gleichzeitig ein besonderes Stellvertreterpotential. Im Scheitern wird auf der Suche nach einem Schuldigen nicht nur der Flughafen, sondern auch die Stadt oder gleich das ganze Land unsympathisch. Kein Wunder, legen gerade Transitorte besonderen Wert darauf, ihre Besucher so angenehm und einfach wie nur irgend möglich durch ihr jeweiliges Areal zu lotsen.

↑ Ein serifenloses, rounded Willkommen soll die freundliche Botschaft in lateinischen, wie auch in griechischen oder kyrillischen Buchstaben ausstrahlen.

Ich finde, Beschriftungen können, wenn man es nicht übertreibt, ruhig nach der Mode gehen. Das ist ja auch ein Ausdruck: wir sind modern, wir gehen nach der Mode, wir haben ein eigenes Label.

Auch der neugebaute, mitunter lebhaft diskutierte, Kassel Airport muss sich der Herausforderung stellen, Reisende und Besucher positiv und einfühlsam anzuleiten. Circa 750 Beschäftigte und 20 Firmen tummeln sich mittlerweile an dem Standort. Für Passagiere präsentiert sich hinter dem großzügig angelegten Parkplatz eine durch große Fensterfronten einladende Halle, die zusammen mit der Holzverkleidung eine wohltuende Übersichtlichkeit beschwört.

So ausgeklügelt Leitsysteme generell auch sein können, viele Faktoren spielen eine Rolle und nicht alle lassen sich im Voraus kontrollieren. Denn bei so manchem Reisenden beginnt die Orientierungslosigkeit bereits vor der Ankunft am Flughafen. Als etwa 2013 der neue Flughafen in relativer Nähe zum alten seine Pforten öffnete, wurde zwar die Beschilderung angepasst – aber nicht alle Navigationsgeräte der Reisenden hatten den Neubau eingespeichert. Wer dann seinem Navi in blindem Vertrauen gehorchte, landete am alten, heute nicht mehr für den Personentransport benutzten Flughafen. Das passiere noch immer und nicht sonderlich selten, berichtet Jörg Weidemüller, der Bereichsleiter Infrastruktur, Bau und Umwelt des Kasseler Flughafens, denn „viele haben noch ein älteres Navigationsgerät". Seit elf Jahren ist er nunmehr am Flughafen tätig und kennt ihn wie seine Westentasche. Als die Landesregierung beschloss, sich für einen neuen Flughafen einzusetzen, sollten die Infrastruktur und Mobilität der Region erhöht werden. Das Segment für den Personentransport brachte dann allerdings auch neue Herausforderungen an das Leitsystem mit sich. Intuitiv müsse die Leitung sein. Selbsterklärend und übersichtlich. Aber das Leitsystem könnte auch mehr sein als schnöder Pragmatismus, meint Weidemüller: „Ich finde, Beschriftungen können, wenn man es nicht übertreibt, ruhig nach der Mode gehen. Das ist ja auch ein Ausdruck: wir sind modern, wir gehen nach der Mode, wir haben ein eigenes Label." Gerade bei überschaubaren Orten ist die Leitung jedoch nur auf den ersten Blick direkt und einfach. Die sich orientierende Person betrachtet bei klaren architektonischen Strukturen – so die einhellige Meinung der Wissenschaft – den Abschnitt zwischen sich und dem Ziel schlichtweg als Hindernis. Sicherheitskontrollen etwa, die an Flughäfen den Weg zum Flugzeug „versperren", werden – mit dem Ausgang vor Augen – leichter übersehen.

Die Forschung unterscheidet prinzipiell zwei Arten der Wegefindung: Eine statische und eine dynamische. Bei der statischen kennt der Reisende bereits die Strecke, sie soll eher perfektioniert, beschleunigt werden. Problematischer sind die Entscheidungsprozesse allerdings bei einer dynamischen Wegefindung. Hierbei ändert sich unterwegs vielleicht das Ziel, oder neue Entscheidungen verändern ad hoc den Weg. Vielleicht muss auf dem Weg zum Check-in noch die Toilette aufgesucht und hinterher das vergessene Geburtstagsgeschenk in einer Boutique besorgt werden. Das am häufigsten verwendete Medium zum Leiten von Personen sind dafür Hinweisschilder. Montello und Sas, Forscher des Wegefindens, benennen die Effektivität eines Schildes nach den Kriterien „klar und einfach im Design, genug aber nicht zu viel Information und es muss sich an einer Stelle befinden, an der der Reisende Informationen braucht". Und der Alltag gibt ihnen Recht, schließlich kennt wohl jeder die Erfahrung eines fehlenden Schildes an einer entscheidenden Stelle. Jeder Flughafen unterscheidet sich in der Granulierung etwas, auch wenn es in Deutschland selbstverständlich hierfür akkurate DIN-Normen gibt. Wenn Schilder als zusammengehörig – etwa zur Laufroute im Flughafen – erkannt werden können, erhöht sich die empfundene Orientierung beim Reisenden deutlich.

Während sich bei den Hinweisschildern eine Modernität nur durch Austauschen umsetzen lässt, ist auf den elektronischen Anzeigegeräten ein hohes Maß an Flexibilität möglich. Dort wird schließlich ein individuelles, leuchtkräftiges mitunter sogar bewegtes Zeigesystem präsentiert. Für Kassel stellt Weidemüller klar: „Dafür wurde natürlich unsere Flughafenschrift verwendet. Es läuft auch mal ein Film; überhaupt lassen sich die Monitore multifunktional einsetzen. Da haben wir uns nach dem Standard gerichtet." Bei der Flughafenschrift handelt es sich um die FF Transit, eine 1997 von MetaDesign entwickelte Schriftart. Die deutlich voneinander abgegrenzten Buchstaben betonen die Funktionalität der einfachen Lesbarkeit und die Schrift trägt ihre Anwendungsmöglichkeit bei Transitorten bereits im Namen.

Aber auch die Örtlichkeit selbst kann durch markante Punkte der Orientierung helfen. Entsprechend sind unterirdische Leitsysteme wie etwa bei U-Bahnen grundsätzlich anders gestaltet als Orte mit Meeresnähe oder inmitten von Gebirgen. Zum Beispiel indem der Benutzer Blickkontakt zu einem solchen in der Wissenschaft „landmark" genannten Objekt halten kann. So wird die Gewissheit bestätigt, sich grundsätzlich auf einem zielführenden Weg zu befinden. Bei Flughäfen zählt dazu häufig der Tower, der im Jargon der Flughafenmitarbeiter zumeist liebevoll „Donut" genannt wird. Obwohl er eher für die Koordination und Kommunikation des Flugverkehrs dient, ist er für die Besucher ein wichtiger Orientierungspunkt. Häufig wird er deshalb in der Verlängerung Parkplatz – Flughafenhalle – Tower eingesetzt, damit das natürliche Ziel der Gäste unwillkürlich auf den dazwischenliegenden Ankunftsbereich weist.

Und dann gibt es natürlich die bunten Ausnahmen von der Übersichtlichkeit und wohlstrukturierten Flughafenplanung: Etwa als der Dreh von „Germanys Next Topmodel" im November 2016 über den Flughafen hereinbrach. Das Team um Heidi Klum hatte den Flughafen als ausgefallene Location für den Dreh gewählt, um dort die Teilnehmerinnen für die Endrunde zu küren. Für die erfolgreiche TV-Show wurde nicht nur der Eingang herausgeputzt und angepasst; Alle Schilder und Anzeigeflächen wurden zu Pro7 Logos umfunktioniert und der Eingang selbst als Teil der Showkulisse verwendet. So wurde der Eingangsbereich des Flughafens, wo ansonsten die Gäste in allen Sprachen willkommen geheißen werden, als wegetechnisches Sortiersystem verwendet: Jeder, der eintreten wollte, ging durch eine der beiden Türen am Eingang und klassifizierte sich als zu Team Thomas oder Team Michael zugehörig. Zusätzlich zu den optischen Hinweisen und besonderen Aufschriften kam noch Sicherheitspersonal hinzu, das alle Personen über die besonderen Regeln instruieren sollte. An Zurückhaltung war nicht zu denken, sodass schließlich jedem deutlich gemacht wurde, dass kein Geheimnis nach außen dringen dürfe. Schließlich sollte der prinzipiell öffentliche Ort die Ergebnisse der Show nicht vorzeitig verkünden. Laut der Lokalzeitung (HNA) durfte deswegen etwa „die nächste halbe Stunde niemand auf dem gesamten Gelände Fotos machen".

Im Ringen um die Aufmerksamkeit ist bei Schildern im Gegensatz zur TV-Show durchaus Zurückhaltung angebracht, gerade um den Notfall- und Hinweisschildern ihre schlichte und unaufdringliche Präsenz zu gestatten. Neben den direkt sichtbaren Zeichen hat sich der Kassel Airport zu etwas Ungewöhnlichem entschlossen: zur vollkommenen Unsichtbarkeit eines Leitsystems. Zu Testzwecken wurden deshalb in den Boden etliche Routen aus Chips eingebaut, die besonders von Sehbehinderten genutzt werden können. Die Chips gestatten eine Orientierung im Raum, die es durch Handys oder auch einen speziellen Blindenstock ermöglicht, sich punktgenau und zielsicher durch den Raum dirigieren zu lassen. Die Sichtbarkeit des Leitsystems selbst wird damit auf ein individuelles Level reduziert. So können die Reisenden die Computerchip-Bahn zur Information, zu den Toiletten oder zum Check-in abschreiten. Auch wenn das Projekt noch zahlreiche technische Probleme zu lösen hat, zählt der Flughafen Kassel damit jetzt schon zu den innovativen. Sollte sich das Projekt bewähren, wird es wohl als Modell für weitere Flughäfen, Bahnhöfe und öffentliche Gebäude dienen.

Während über die Rentabilität des Flughafens wohl 2017 erneut gestritten werden wird, steht fest, dass der Flughafen im Hinblick auf das Leitsystem äußerst gewinnbringend ist. Denn was den Kasseler Bürgern so gut an ihrem Flughafen gefällt, findet sich dort gewissermaßen auch im Gebäude als Konzept umgesetzt: Der kurze Weg ist das Ziel.

↑ In jedem Sinne richtungsweisend ist der Tower, dessen kreisrunder Ausbau von den Mitarbeitern „Donut" genannt wird.

↑ Gerade die Varianz der Pflastersteine ist Ausdruck einer Gratwanderung zwischen einem unaufdringlichen Boden und einer ansprechenden, seriösen Gestaltung.

Mein Kassel 4

Warte für Kunst

Ausstellungsort und Experimentierfeld für zeitgenössische Kunst

*Tischbeinstraße 2
34121 Kassel
www.warte-kunst.de*

Interview
Florian Greßhake

FLORIAN GRESSHAKE Wer bist Du und was machst Du?

MELANIE VOGEL Mein Name ist Melanie Vogel und ich betreibe die Warte für Kunst. Ich habe die Galerie 2010 initiiert, als ich noch in Bielefeld Fotografie studiert habe und parallel dazu in Kassel an der Kunsthochschule Gaststudentin war. Nach dem Abschluss meines Studiums habe ich die Warte weiter vorangetrieben, aber bin seitdem auch im Kulturbereich als Projektleiterin und Kuratorin tätig.

FG Bist Du Kasseler, Kasselaner oder Kasseläner?

MV Ich bin in Kassel geboren, war immer mal wieder weg, z.B. für mein Studium. Jetzt bleibe ich aber einfach hier.

FG Wie bist Du dazu gekommen und was treibt Dich dabei an?

MV Anfänglich war die Idee einen Ort zum Arbeiten zu finden. Auf der Suche nach einem Atelier bin ich auf diesen Raum gestoßen, ein ehemaliges Tattoo Studio. Durch das große Schaufenster mit dem Blick nach draußen auf die Frankfurter Straße änderte ich meine Meinung und gründete die Warte für Kunst, mit dem Anliegen, einen Ort für junge Künstler zur Realisierung ihrer Projekte und zur Veröffentlichung ihrer Arbeiten zu schaffen. Einen Ort, in dem neben Ausstellungen der gefestigte Kunstbegriff untersucht und bestehende Strukturen in der Kunst hinterfragt werden sollen.

FG Meine Galerie unterscheidet sich von anderen in der Stadt, weil …

MV Die Warte für Kunst ist ein experimenteller Raum, der den Künstlern eine größtmögliche Freiheit in der Realisierung ihrer Ausstellung bietet. Dabei ist dem künstlerischen Medium durch kein noch so großes Loch in der Wand eine Grenze gesetzt. So sind die Ausstellungen spannend und immer wieder anderes als die vorherigen.

FG Warum sollte man nach Kassel kommen?

Um in die Warte für Kunst zu gehen (lacht) und um in der Buga und in der Fulda zu schwimmen.

FG Wie sieht ein perfekter Tag in der Stadt aus?

MV Mit dem Fahrrad zur Arbeit fahren, auf dem Weg einen kleinen Kaffee zu sich nehmen, Mittagessen nebenan im Kafé Neu, dann weiterarbeiten, am Abend schwimmen gehen und später zu einer Ausstellungseröffnung – am besten in der Warte für Kunst. Alles ist jetzt sehr auf dieses Viertel bezogen, es gibt durchaus auch woanders gute Ecken.

FG Welcher Ort ist in Kassel in gestalterischer/typografischer Hinsicht inspirierend?

MV Ich finde die Gegend am Stern inspirierend. Wenn man vom Stern aus Richtung Uni läuft, gibt es ein Viertel, in dem es sehr viele türkische Bäckereien und Supermärkte gibt. Dort ist es in typografischer Hinsicht ganz interessant: verschiedene Sprachen und Schriften in unterschiedlichen Farben, verrückt gesetzt. Ich weiß nicht, ob man es so sagen darf, das ist eher eine Anti-Typografie. Ich mag das aber sehr gerne! Das ist ein Ort, der sehr multikulturell ist. Toll ist auch der große Mercedes-Stern auf dem Hochhaus.

FG Was braucht man, um in Kassel zu überleben?

MV Ein Fahrrad. Ich bin sehr zufrieden mit dem, wie es hier ist. Ich mag Kassel sehr gerne. Das ist ein Ort, der ein bisschen Zeit braucht, auch um Dinge zu entdecken.

FG Zum Abschluss: Wo gibt es die beste Ahle Wurscht?

MV Ich kaufe meine Ahle Wurscht immer beim Metzger in der Markthalle; die Treppe runter und dann auf der rechten Seite.

Text
Laura Bachmann

„Dienstag ist TOKONOMA-Tag!"

Vielleicht hat Kassel kein Centre Pompidou wie Paris, keinen Kunstbezirk 798 wie Peking. Aber durch Tokonoma fehlt es Kassel seit 2011 zumindest nicht mehr an einer geeigneten Plattform für junge Künstler und Clubkultur. Anfangs wurde das innovative Projekt als Veranstaltungsreihe umgesetzt, woraus sich aber schnell der Plan entwickelte, dauerhaft Ausstellungen in Kombination mit Lesungen, Konzerten oder DJs zu kuratieren. Zur documenta 13 wurde der Wunsch laut, Tokonoma zu erweitern. Das Team, das größtenteils aus Studenten und Absolventen der Kunsthochschule Kassel besteht, sollte vergrößert und eine feste Location gefunden werden.

Ein ehemaliges Kosmetikstudio in der Frankfurter Straße wurde das Zuhause für Tokonoma: kurz „Apartment" genannt. Die liebevoll renovierten Räume strahlten einen gemütlichen Wohnungscharakter aus, der die verschiedenen Künstler dazu einlud, ihre Werke in einer entspannten und persönlichen Atmosphäre zu präsentieren.

Genau darauf spielt auch der Name an: Der japanische Begriff „Tokonoma" (床の間) bezeichnet eine Wandnische, die das zentrale Element der traditionellen Wohnzimmereinrichtung darstellt. Das „Tokonoma" ist der Ort, an dem der Hausherr Kunst in dekorativer Form, seien es kostbare Schriftrollen oder ein Ikebana-Arrangement, zur Schau stellen kann. Ganz ähnlich wurde den Gästen im Apartment junge Kunst vorgeführt.

Da das Tokonoma-Konzept zur documenta 13 durchweg auf positive Resonanz stieß, entschied man sich, den Mietvertrag für die Apartment-Räume zu verlängern. Der Dienstag wurde für die Kreativszene Kassels zum Tokonoma-Tag: mit wöchentlichen Vorträgen, Live-Musik, Ausstellungen oder Raum für Diskussionen, ergänzt durch legendäre Partynächte in der Batterie im Kulturbahnhof, die 2013 leider abgerissen wurde.

Im Frühjahr 2017 folgte der Umzug in die neuen, mindestens ebenso tollen Räumlichkeiten. Selbstverständlich bietet der Dienstagabend nach wie vor durch die verschiedenen Veranstaltungsreihen interessante und abwechslungsreiche Einblicke in das Leben und Schaffen junger Künstler. Bei der Veranstaltung „Hörverstehen" haben Musiker die Möglichkeit, neben ihren Songs auch sich selbst vorzustellen und die Reihe „Warum nicht?" lädt Quereinsteiger dazu ein, von ihren Erfolgen und Misserfolgen zu berichten.

Man sieht, das Tokonoma-Team hält sich an keinen strikten Fahrplan und ist offen, neue Wege zu beschreiten, solange dabei eine intime und familiäre Atmosphäre gepflegt wird. Die liegt Tokonoma nämlich besonders am Herzen, weshalb für das Kollektiv jede Veranstaltung zu einem kleinen Highlight wird.

Man darf also schon gespannt sein, mit welchen Ideen sie bei der diesjährigen documenta ihr Publikum begeistern.

Wir holen uns das nach Kassel, was uns fehlt …

↑ Christine Seefried und Johannes Trautmann im Tokonoma-Apartment. Er studiert an der Kasseler Kunsthochschule Produktdesign, sie Visuelle Kommunikation und Fotografie.

TOKONOMA e. V.
Tokonoma
Frankfurter Str. 60
34121 Kassel
www.supertokonoma.de

Impressum

Typotopografie 9: Kassel
Erscheinungsmonat: Mai 2017
Auflage: 1.000 Stück
ISBN: 978-3-944334-74-5

August Dreesbach Verlag
Gollierstraße 70, Eingang D / 1. OG
80339 München
www.augustdreesbachverlag.de
info@augustdreesbachverlag.de

Gestaltung, Satz und Typografie
Anne Dreesbach
Manuel Kreuzer

Gemaltes
Anne Dreesbach

Schriften
Gesetzt aus der Zimmer
entworfen von Julian Hansen,
und der Noe,
entworfen von Lauri Toikka.

Papier
Gedruckt auf MultiOffset 120 g/qm,
Umschlag 300 g/qm.

Gesamtherstellung
Tutte Druckerei & Verlagsservice GmbH,
Salzweg

Autoren
Laura Bachmann
Nadine Beck
Anne Dreesbach
Florian Greßhake
Theresa Haunberger
Jasmin Jonietz
Sarah-Christin König
Johannes Sturm
Stefanie Weiß

Projektleitung
Stefanie Weiß

Unser herzlicher Dank geht an:
Milena Albiez, Sebastian Amelung,
Miriam Aust, Gerold Eppler,
Maxie Fischer, Friedrich Forssman,
Rita Fürstenau, Dr. Birgit Jooss,
Kira Kimm, Dr. Brigitte Pfeil,
Sophie Roscher, Josephine Schmücker,
Berlind Schneider, Christine Seefried,
Johannes Trautmann, Florian Tutte,
Susanne Völker, Melanie Vogel,
Britta Wagemann, Jörg Weidemüller,
Natascha Zemmin

Schutzrechte
Die Bild- und Textrechte liegen beim
August Dreesbach Verlag bzw. bei
den Menschen und Institutionen, die
in den jeweiligen Artikeln besprochen werden. Jede Nutzung oder Verwertung bedarf der vorherigen
schriftlichen Genehmigung durch
den August Dreesbach Verlag.

Abonnement
Sie können die Typotopografie-Hefte,
die in unregelmäßigen Abständen
erscheinen, auch abonnieren. Bislang sind „München", „Düsseldorf",
„Berlin", „Leipzig", „Wien", „Frankfurt am Main", „Shanghai" und
„Augsburg" erschienen. Eine formlose
E-Mail an den Verlag genügt, dann
senden wir Ihnen die Hefte versandkostenfrei mit Rechnung zu:
bestellungen@augustdreesbachverlag.de

Bildnachweis
Grimmwelt
GRIMMWELT Kassel: 5,
GRIMMWELT Kassel (Nikolaus Frank): 8 o.
Manuel Kreuzer: 4, 7, 8 u., 9, 12
Rotopolpress
August Dreesbach Verlag: 14, 16 f.
Im Herzen der documenta
Ryszard Kasiewicz: 20
Mein Kassel 1: soki Kassel
August Dreesbach Verlag: 23
Jana Hartmann Fotografie: 22
Leuchtreklame
Manuel Kreuzer: 24 f.
Mein Kassel 2: augenstern
August Dreesbach Verlag: 26
Blind Date No. 1
August Dreesbach Verlag: 27
Blind Date No. 2
August Dreesbach Verlag: 28
Blind Date No. 3
August Dreesbach Verlag: 29
Blind Date No. 4
Manuel Kreuzer: 30 u.
Carl Christian Vogel von Vogelstein
(gemeinfrei): 30 o.
1000-Jahr-Feier in Kassel
August Dreesbach Verlag: 38
Nadine Beck: 33, 34, 35, 36, 37 o.
Stadtarchiv Kassel: 37
Zu Besuch bei Friedrich Forssman
Manuel Kreuzer: 37–39, 42, 45
documenta – die Außenwerke
documenta archiv: 48 u.
documenta archiv: (Dirk Bleicker): 48 o.
documenta archiv: (Hans Braun): 49 M.
documenta archiv: (Carl Eberth): 47 o.
Manuel Kreuzer: 46, 47 M./u., 48 M., 49 o./u.
Eine grafische Revolution
Museumslandschaft Hessen Kassel,
Graphische Sammlung: 51, 53
Universitätsbibliothek Heidelberg: 51
Mephisto in Kassel
August Dreesbach Verlag: 55, 57
Die Kunsthochschule Kassel
Britta Wagemann u. Milena Albiez: 58, 60–63
Tod eines Schriftgestalters
Manuel Kreuzer: 64–67
Mein Kassel 3: Aust & Amelung
Minu Lee, Merlin Laumert: 69
Kassel Airport
Manuel Kreuzer: 70–72, 75 f.
Mein Kassel 4: Warte für Kunst
Manuel Kreuzer: 77
„Dienstag ist Tokonoma-Tag!"
Manuel Kreuzer: 78 f.

Werden Sie Augusts Freund auf Facebook, folgen
Sie uns auf Instagram und besuchen Sie unsere Website
www.augustdreesbachverlag.de